競馬道OnLine Neo新書 001

回収率を劇的に上げる！

# 知性で競馬を読み解く方法

本島修司／TARO 著

主婦の友社

# はじめに

このたび本島さんとともに書籍を出版するにあたり、「知性」というテーマを授かりました。知性で競馬を読み解く……というと何やら難解な印象を持つかもしれませんが、競馬は確かに〝アタマ〟を使うギャンブルです。馬のことや騎手のこと、コースのことは当然ですが、それ以外にも気象や時世など、様々なことが複雑に絡み合いながら、毎週レースが行われています。だからこそ、競馬予想には頭を使うわけです。

他方、頭をフル回転させればそれに比例して勝てるかといえば、そうではないのが競馬予想の面白さであり難しさではないでしょうか？　考えて考え抜き努力を重ねたから勝てるかというとそうでもなく、複雑にいろいろなことを考え、情報を得た結果、本来辿り着くべきシンプルな結論から遠ざかってしまう、ということは多々あります。散々頭を悩ませて結論を出したのに、終わってみたら週明けの段階で何となく考えていたことの方が正しかったなんてことは、日常茶飯事なのです。

また、競馬予想における〝経験者のアドバイス〟も、実は必ずしも役に立つとは限りません。最近は情報も増え、ビギナーの方でも様々なデータを駆使して鋭い予想を披露しています。私も含めたいわゆる経験者風の人が語ることなど、実は大して役にも立たないかもしれないのです。

とはいえ、考えることがムダかといえばそうではない。むしろ、競馬予想をこれだけ長く続けられるのは、推理の面白さを理解しているからこそです。率直に言って、競馬で勝ち続けるのはカンタンではありません。私も負けている年はいくらでもありますし、数カ月にわたり驚くほど当たらないこともあります。

それでもなぜ毎週のように競馬予想を続けるかといえば、それは依存症だから……ではもちろんなく、様々な思考を巡らせて推理することが楽しいからです。多くの要素を考え、想像し、その答えが毎週出る。こんなワクワクを味わえるのだから、競馬予想は楽しくて仕方ありません。そう、競馬はそのプロセスこそが楽しいのです。

ですから、私自身、本書の中では複雑なことを考えない方が当たるという趣旨のことを書いています。だからと言って考えることが無駄だとは思っていません。例えば、私はパドックを予想に反映させませんが、だからといってパドックに興味がないわけではありません。そこから読み取れる情報は確実にありますし、知れば知るほど興味深いものです。

きれいごとだと思われるかもしれませんが、毎週のように競馬を楽しめているのは、やはり当たりハズレを超えた楽しみを得ているからでしょう。お金が増えたか減ったかだけが重要であれば、むしろ競馬を選ぶのは適切ではありません。ハズレても納得して楽しめる、続けることができる、それが競馬の素晴らしさではないでしょうか。

その素晴らしさを理解するためには、様々なことを考える、頭を使う必要があります。知性で競馬を楽しむ、とはそういうことだと理解しています。私と本島さんの意見が一致するところ、あるいは少し異なるところ、はたまた真正面から衝突するところなど、さまざまあるかと思います。でも、だから競馬は面白い、そう思って私たちの考えを読んで頂ければ嬉しいです。そして、本書によって得た知見が、競馬を考え、予想を楽しむ一助になれば幸いです。

2021年7月　TARO

回収率を劇的に上げる！

# 知性で競馬を読み解く方法

目次

# 第1章

# 予想・分析・精査・解析！<br>時間のかけ方とつくり方

テーマ1

# 予想や分析、どこから手をつけるか

## 本島修司の読み解き方

僕の場合、一般な「予想」というよりは「復習」をすることが、イコール「予想」になっているような気がする。２０００年初頭に出した拙書『競馬王新書・玄人になる競馬術』（白夜書房）の中で、『**馬単位**』という概念を発案させてもらった。馬単位というのは、従来の「このレース、どの馬が来るかな」ではなく「この馬、どのレースなら来るかな」という視点に切り替えて、待っていた馬が、待っていたレースに出てくる時だけを待って買うスタイル。そのため、月曜日か火曜日に前週の主要レースVTRを見ながら、メモを取る作業の時間が、一番大切になってくる。そうやって、次に買う馬のリストを作っておく。その後、その週末に買う馬の洗い出し作業をしていく。こちらは、前に作っておいたリストの中に名前がある馬を、登録馬の中から見つけていく。これも月曜日か火曜日の、登録の段階でやってしまう。相手の馬はあまり気にしない。そんなバカなことがあるのか!?と思うかもしれないが、本当にそうやっている。木曜日〜金曜日あたりに、予定通りその馬を、そのまま買うのかどうかの見直し作業をしっかりとする。その際も、「同じレースに出てくる相手の馬との比較」はあまりしない。

## 最も重視しているのは？

僕が最重要視しているのは**『格』**だ。自分狙っている馬が「G1、別定G2、ハンデG2、G3（ハンデG3）、オープン特別」という4段階に分けて、今回のレースの『格』に耐えられるかどうかを見ている。もちろん**『適性』**もすごく重視する。適性があるコースだけで出てくるのを待つことも多い。しかし、それ以上に『格』さえ大丈夫ならそのまま買うことが多い。最初に手を付けるのは『この格で大丈夫な馬かどうか』のチェックだ。

## TAROの読み解き方

私が予想をする上でもっとも重要視していることは、**「レースの全体像を把握すること」**です。

そもそも全体像とは何か、ということになりますが、ここで重要なことは、「どの馬を買うか」ではないということです。予想というとどうしても「買いたい馬を探す作業」のように考えてしまいますが、レースは一頭で行うものではありません。買いたい馬を探す以上に、どのようなレースになるか、もっと具体的に言えば、馬場や枠順、展開、能力比較、波乱度など、個々の馬ではなく相対的な評価の方が大事になるわけです。全体像の把握とは、まさにその相対評価のことです。買いたい馬ではなく、買いたいレースを探すというイメージでしょうか。

したがって、予想をする上で大事なことは、馬場状態の把握や枠順といった**「全体像の把握」**なのです。

全体像を掴んだ上で、個々の馬の分析をする、この順番が大事です。極端な話、どれだけ買いたい馬がいても、メンバーレベルや馬場状態がよくわからなければ本当にその馬を買うに値するかの判断はできませんし、逆もまた然り。競馬は競走であり、同時に〝**競争**〟でもあるからです。

## まずは馬場状態を見極める

全体像を把握するために大事にしているポイントは、まずは**馬場状態**です。前の週の馬場がどうだったか、週末の天気がどうなるか、そこを見極め、買いたいレースを抽出していきます。

例えば2020年の年末、有馬記念当日の芝は外がやや有利でした。そして年明けの中山芝もやはり外が伸びる馬場状態が続いていました。**中山芝の傾向が見えていた**ので、中山芝のレースは全体像が見えやすくなります。買いたいレースもその中から絞っていくことになります。競馬は流れが大事なので、良い分析をするためには全体像の把握が重要と言えます。

テーマ
2

# 解析作業、最も重要視していることは何か

## 本島修司の読み解き方

2001年に競馬を分析して書く仕事を始めて以来、『予想』ではなく、**『分析』**という言葉を使っている。そこで「どこから手を付けている？」と聞かれれば、「『格』から手を付けている」と答えるし、分析作業の最後の最後まで『格』を見つめていると答えたい。最重要視しているのは格だ。「G1、別定G2、ハンデG2、G3（ハンデG3）、オープン特別」という**4段階**に分けていることは先に書いた通りだが、この4段階という分け方

を参考にしてほしい。別定Ｇ２と、ハンデＧ２では格が異なって、Ｇ３と、ハンデＧ３では「格は同じ」というサジ加減も、ぜひ身につけてほしい見方だ。

## 格の違いが現れた具体例

レース名を出すと、イメージが沸きやすいと思う。『日経賞や京都大賞典（別定Ｇ２）と、目黒記念やアルゼンチン共和国杯（ハンデＧ２）』では、**格が違う**。逆に、『鳴尾記念（Ｇ３）と、中山金杯（ハンデＧ３）』は**格が同じ**と考える。古い例で言うと、２０００年代の前半にアクティブバイオというオペラハウス産駒がいた。条件馬の身ながら日経賞（別定Ｇ２）を勝って台頭すると、Ｇ１の天皇賞・春に挑戦。当然、大敗した。しかし次走、目黒記念（ハンデＧ２）では人気を落としながらも２着に好走。これが**「格の違いで待つ」**という感じだ。近年で言うと、ムイトオブリガードという馬が、アルゼンチン共和国杯（ハンデＧ２）で２着となり、古馬になって実力をつけてきた。そのまま一年間走ったが、Ｇ１や別定Ｇ２では通用せず。そして一年後、調子を上げてきたところで、思い出のアルゼンチン共和国杯（ハンデG2）では、リピートでの好走を決めた。自身の格的になんとか戦える、ハンデG2だったからだ。この**『馬が好走するリズム』**を大切にしている。

## TARO の読み解き方

最も重要視していることは**馬場**と**枠順**です。馬場と枠の傾向がわかれば予想はわりとすんなりできますし、これがわからないと正確な分析は困難を極めます。

理由は単純で、競馬はどれだけ能力が高くても、馬場や枠に恵まれなければ好走できないためです。日本の3歳馬の最高峰のレースである日本ダービーですら、この運命には抗えません。明らかに内枠が有利で、毎年のように1番枠の馬が好走しています。もちろん2021年のように外が有利な馬場になることもありますが、これは稀なことで、基本的には内枠が有利になる構造なのです。

## 大本命が敗れた理由とは？

グランアレグリアが敗れた２０２１年の安田記念もやはり、枠順が大きな要因でした。ダービーの週に続いて外が有利な芝の状況が続き、グランアレグリアは内寄りの枠に入ったことで不利な競馬を強いられました。

ルメール騎手いわく、

「馬が進んで行かなかった」

とのことですが、これは状態面の低下というよりは、スタート地点の馬場状態の悪さに要因がありました。勝ったダノンキングリー、3着のシュネルマイスターはいずれも外枠。グランアレグリアは負けて強しということです。でも、負けた。その理由はやはり**馬場状態と枠順**なのです。

したがって、これらの有利不利がわかれば、かなり有利に予想を組み立てることができます。どの馬を買うかではなく、どのレースを買うかということも我々自身で判断できるわけですから、馬場や枠順の並びを見て、読みやすいレースを買えばいいのです。

競馬は必ずしも各馬公平な条件でスタートできるわけではありません、とりわけ**馬場状態や枠順に関しては有利不利が出やすい**項目ですので、私は予想をする上で最も重要視しています。

テーマ3

# 血統をどう見るか

## 本島修司の読み解き方

基本的には**種牡馬を見ること**に専念する。配合を見ることはあまりない。一口馬主の時は母父との相性など配合もしっかり調べる。だが、「母父がこうだから今回馬券になる」という単純化はあまりしない。配合を見る場合は、「これは完全な成功パターン」とか、「これはよく失敗するパターンだな」という見方になる。つまり、デビュー前予測に適しているのが、配合を見ることだと考える。「ハーツクライの母父に欧州型が入ると、走りが重くなって弱い産駒が生まれる」などだ。一方、レースの実践的な見方はどうか。それは、**「その種牡馬の適性の基礎をガッチリ知っていること」**だと思う。その上で、1頭の競走馬を見る時には、血統とは別なファクターも絡めなければいけない。たとえば、血統的に合っているコースでも僕が重要視する『格』を見誤ってしまっては、「適性が合っているコースだが、G1だから単純に格負け」といった現象に遭遇する。馬券は、何か1つのファクターだけを突き詰めてもダメなのだ。僕は『格』を突き詰めつつ、基本的には全方位から視点を傾けて、その馬を買うという最終結論を出している。格は大丈夫だよな？　種牡馬的に距離とコースは大丈夫だよな？　といった具合に見る。

## 例外もある

ただ、稀にレースでの実践的な見方でも母父を重視することもある。それは**『母父がモロに影響する種牡馬』**の場合だ。僕は、種牡馬を『母父を見ない種牡馬』と、『母父がモロに適性として出るから見る種牡馬』に分けている。現役のいる産駒で言うと、**ディープ**

**インパクト**産駒と**ロージズインメイ**産駒。この2つの種牡馬の仔は、母父の影響をモロに受ける。他の種牡馬の仔は、母父より父そのものが濃く出ると思った方が、トータルでは上手くいくことが多い。もうひとつ。種牡馬によって多くの人が見るファクターは主に『**距離適性**』『**コース適性**』『**早熟性**』だと思う。しかし、ここに『**季節**』という観点も付け加えたい。たとえば、2001年最強世代の一角だったマンハッタンカフェ。彼の産駒は、12月〜2月になると身のこなしにキレを感じさせ、好走してくる『冬馬』が多かった。

## TAROの読み解き方

個人的な話になってしまいますが、1997年、私は競馬にハマるとほぼ同時くらいに、『**ダービースタリオン**』（いわゆるダビスタ）を始めました。そして、ダビスタを始めると同時に、血統に興味を持つようになりました。当時のダビスタの取扱説明書は、血統評論家の田端到氏が執筆していたのです。田端氏の文章は非常にアカデミックで、競馬の奥深さを教えてくれました。すぐに血統の虜になったのは言うまでもありません。

さらに高校生になり、亀谷敬正氏の存在を知りました。亀谷氏の血統理論は非常に斬新で、そのシンプルで大胆な理論は、とくに馬券に生かすという点において画期的でした。

田端氏により興味を持ち、さらに亀谷氏によって昇華された私の血統への興味は、その後馬券を買う上でも大きな意味を持つことになります。現在は、**馬の適性を考える上で、血統は欠かせないツール**になっています。とくに馬の未知なる適性を読むという点において、血統ほど役に立つファクターはないと考えています。

血統は少々難しい印象を持たれますし、ときには邪道といわれることもあります。もちろんそれを否定はしませんが、私にとっては予想をする上、とりわけ馬の適性を考える上で欠かせないものとなっています。

## ホッコータルマエの特徴

最近でいえば**ホッコータルマエ産駒**には非常に興味を持っています。ホッコータルマエ自身は交流重賞を勝ちまくった平成を代表するダート馬ですが、産駒もお父さんの特徴をよく引き継いでいます。とてもレースぶりが器用で、立ち回りが上手い、さらに追われてしぶとく伸びて来る実戦型。使うごとに力をつけて来るので、派手さはないのですが馬券への貢献度が高い種牡馬です。

**「一頭の種牡馬を覚えれば競馬は勝てる」**

とは亀谷氏の名言ですが、まさにその通りだと考えています。私は過去10年程度の古馬オープン馬であれば、99％父の名前を即答できると思います。それだけ**血統を重要視**しているのです。

テーマ
4

# 個体能力をどう判別するか

## 本島修司の読み解き方

これが何より、人によって**判別方法が異なる**と感じる。たとえば、時計面から入る人は、膨大な時間をかけて作り上げた指数を使う。僕の場合、いわゆる「感覚派」なのだが、**「確証といえる事例を探す」**という行為に没頭する。もともとは医学用語かもしれないが、「エビデンス」となる事例だ。『過去にあった、今回のケースによく似た事例』。よく似た、とは何に似ているかというと、成績、走法、血統、今回の出走パターン、ローテーションなどだ。まとめると**「存在感が似ている馬」**ということになる。そうやって過去の事例と、今、目の前にいる馬とを比較することで、能力値を測る。どの過去の事例に似ているか比較対象を見出すこと＝**競馬のセンス**、と考える。

## ひたすらエビデンスを探す

２０２１年京都金杯に、狙っていた**ピースワンパラディ**というジャングルポケット産駒が出てきた。前走は「今回と同距離のオープン特別を圧勝」。これで勢いがついたと思い、待っていた。週中の木曜日。エビデンス探しに没頭した。２０１８年のリゲルSを圧勝し、２０１９年の京都金杯を勝ったパクスアメリカーナの時と同じパターンだと感じた。大丈夫、パクスアメリカーナの勝ち方と双璧に近い。あの時はコース的に「クロフネ産駒の京都」が不安だった。それでも買い、勝った。今回は中京巧者が、中京開催の京都金杯に出る形だ。大丈夫だろうと思い、そのままピースワンパラディの単複を購入した（結果は2着）。

## TAROの読み解き方

世の中で一般的に言われる〝能力〟は、いわば**「速く走れる力」**、でしょう。この能力はわかりやすく時計や着差にも反映されますし、最もシンプルな指標かもしれません。とはいえ、競馬は必ずしも速く走れる馬が有利になるとは限らない、むしろ馬券のことを考えれば**それ以外のことを重視すべき**だと考えています。

その理由は大きく2つあります。

1つめは、**速く走れる力は人気に反映**されるためです。例えばディープインパクトや、ロードカナロアのような圧倒的な能力を秘めた馬は、当然人気になります。馬券を買う以上、配当妙味も重要ですから、こういった馬たちで儲けることはなかなか難しいわけです。

2つめは、**競馬という競技の本質**に関わる部分です。具体的に言えば、競馬は自然のもとで行われるトラック競技であるため、速く走れる＝1着でゴールできる、とは限らないという点です。

## センスや器用さが重要な理由

2つめは非常に重要なのでもう少し掘り下げます。例えばキタサンブラックは近年の最強馬に数えられる一頭ですが、必ずしも圧倒的なスピードを誇っていたわけではありません。実際、見るからに派手な圧勝や、好時計勝ちは多くなかった。それでもなぜ勝ち続けられたかといえば、それは速さ以外の長所、すなわち**〝レースセンス〟や〝器用さ〟**があったためです。競馬は1頭で走るわけではないので、センスや器用さは重要な要素です。どんなにスピードに優れていても、制御できなければレースで能力を発揮できない。2021年の桜花賞で掛かって暴走してしまったメイケイエールなどは典型的な例といえます。また、センスや器用さのある馬は派手ではないので、人気になりづらい**＝馬券妙味があります**。キタサンブラックもキャリア中盤までは1番人気になりませんでした。

したがって、馬券的なことを考えるならば、現代競馬は特に**『センス』や『器用さ』**を重視すべきだと考えています。

テーマ
5

# タイム・走法・仕草、どこを見るべきか

## 本島修司の読み解き方

僕は数字から競走能力を読み解くのはあまり上手ではないので、**レースぶり**から見ていく。タイム、走法、仕草。この3つで言うのなら、仕草だ。頭が高い、バカ付く、追えば追うだけ伸びる、一瞬しか伸びないなど。仕草と、動作による特性をよく見る。それから、タイムをあまり重視しないぶん『**着差**』を見る。感覚派としては、こちらの方が重要だ。レースVTRを見ていると、一番わかりやすい部分として**「ゴール入線後に差し切っている競**

**馬」**などがある。これを見落としてはいけない。競馬には「計ったような差し切り」という表現がある。だが、そんなことは現実にはありえない。ゴールから逆算して計るなんてことは、普通に考えてできない。なので、入線直後に実は2頭も差し切っている「ハナ差・ハナ差」などがよくある。こういうケースは、**着順を2つ上げて扱ってもいい**。この手のパターンは「差し遅れ」や「騎乗ミス」を連想するかもしれない。しかし、この手のゴール入線後に何頭も差し切っている競馬には、他のパターンもある。**『道悪の競馬』**だ。不良馬場に近くなるほど、「エンジンが全開になるまでに時間を要する馬」というのが出てくる。

## 具体例を一つ挙げると

2009年、**ロジユニヴァース**が勝った日本ダービーのレースVTRをよく見てほしい。不良馬場の中、早め先頭に立ったリーチザクラウンを、インの3番手からロジユニヴァースが交わす「前々の2頭が入れ替わるレース」だ。3着は5番手で粘り込んだアントニオバローズ。そんなレースの中、後方16番手から、エンジンがかかるまでにタイムラグがありつつ、猛然と4着まで追い込んだ馬がいた。ゴール後には勢い余ってアントニオバローズを交わしているように見えた。いや、もしかすると、2着馬も交わしているかもしれない。そう見た。僕はこの馬を「ダービー9番人気で4着に入れた馬」ではなく、**「実質のダービー2~3着馬」**として扱うことにした。**ナカヤマフェスタ**という馬だった。

## TARO の読み解き方

まず大前提として、この問いに**正解**はありません。正解はないですが、私自身は前項で記した通り、タイムよりも**走法を含めたレースでの走り**を見ます。この理由は明確で、タイムは、「数字を見ればある程度誰でも判別できる」＝「人気に反映される」、一方でレース映像を見なくては読み解けない走法や、レースセンスといったことは、必ずしもすぐに誰でも判別できるものではないためです。

## ユニコーンライオンのレースぶりから読み解く

最近の競馬で印象深いのは、2021年の宝塚記念で2着に好走した**ユニコーンライオン**です。手前みそにはなりますが、タイム的には取り立てて特筆すべき点のなかったユニコーンライオンを弥彦特別→鳴尾記念→宝塚記念と3戦連続で本命にできたのは、まさにその走法から能力を読み解けたためです。

ユニコーンライオンは年明け初戦で久々だったストークSで18番人気ながら3着と好走。さすがに買えませんでしたが、この時の3着は決してフロック視できるものではありませんでした。なぜなら、大跳びでゆったりした走りの同馬に取って、阪神1600mという舞台は明らかに距離不足に感じられたためです。これはレース映像を見ても同様の感想を持ちました。

だからこそ、距離が延びた弥彦特別で本命にできましたし、そこから再び1Fの距離延長となった鳴尾記念、さらにもう1Fの距離延長となった宝塚記念でも、**大きなフットワークを誇る同馬にとってはプラスでしかない**と考え、引き続き狙うことができました。

時計以外の要素は人気にも反映されづらく、弥彦特別は5番人気1着、鳴尾記念は8番人気1着、宝塚記念は7番人気2着と、**いずれの好走もフロック視されていた**ことは明らかです。

タイムではなく、レース映像から読み解く情報は人気に反映されにくい、ということがよくわかる例ではないでしょうか？

テーマ 6

# 状態・追い切りをどう見るか

## 本島修司の読み解き方

僕はあまり**追い切りを細かく見ない**。一時期、全て徹底チェックをしようかと思った時期もあったのだが、やめることにした。自分の場合、よほど追い切りが悪い時を除けば、あまり神経質にならない方がトータルでいい結果になることが判明したからだ。下級条件の競馬に手を出すのなら、そうはいかない。追い切りの段階で明らかに激変していて、未勝利クラスにいる馬が5か月休んでいる間に、放牧先で3勝クラスの実力に成長した、などのケースもあるからだ。その場合、まるで動きが違うなということになる。ただ、僕の場合は**「メインレース派」**であり、見るのは**「オープン馬」**。ここがキモだから、調教技術が発達した今の日本の中央競馬においては、仕上がりボロボロで出てくる馬など、ほとんどいないのだ。これは、大局観で見れば「オープン馬の調教や状態は、**高いレベルで均一化**されている」ということ。その上で、僕はよく、こんな〝問いかけ〟をする「今日微熱がある親友と、本日元気いっぱいの健康体であるまったく知らない奴、どちらと仕事をする？」。答えは前者だろう。前者が高熱だったら話は変わってくる。しかし高熱（ここでは「仕上がりボロボロの馬」の例え）は、滅多に出ない。たまに出てくる程度だろう。

## 失敗例と成功例があった

たとえば、２０２０年、チャンピオンズCで狙って待っていた**クリソベリル**。1番人気で4着に負けたが、「とんでもなく具合が悪いんじゃないか」と思えた。だが、そのまま買って負けた。逆に２０２１年日経新春杯で狙って待っていた**クラージュゲリエ**。物凄く重たい動き。調教師のコメントも「絞り切れない」。そして新聞ではその調教師の様子を、「暗い表情」。しかし結果は、人気馬総崩れの中、力走して4番人気で3着。僕はそのまま買っている。馬券は比率1：5の単複。一回一回の調教は、あまり気にしていない。

## TAROの読み解き方

大きな声では申し上げづらいのですが、実は私自身状態や追い切りはそこまで重視していません。

「仮にもプロを名乗るのにどういうことだ」と思われるかもしれませんが、もちろん明確な理由があります。その理由を述べる前に、追い切りや状態をチェックするためにもっとも重要なことを記しておきます。それは、**〝ダテの比較〟**をすることです。

というのも、馬の特徴は走法のところでも述べたように、本当に様々です。それが個性といっても良い。状態や追い切りも同じで、いつも良く見せる馬、いつも調教で動く馬はいますし、逆もまた然りです。

## 馬同士の比較は意味がない!?

古い話になりますが、私が中学生の頃に活躍した**シルクジャスティス**という馬がいました。1997年のダービーで2着、暮れの有馬記念では古馬を一蹴し勝利した馬です。しかし、この馬、どう見てもパドックでの状態はよく見えませんでした。腹袋がボテっと大きく膨らんでおり、正直見栄えは良くないのです。私はまだ中学生で競馬歴も浅かったですから、どうしてこんな馬が走るのだろう、（ダービーで同じパドックを周回していた）サイレンススズカの方がずっといい馬じゃないか、と感じたものです。

しかし、レースに行くとシルクジャスティスは走りました。だからこそ、状態や追い切りの見極めは**〝ヨコの比較〟は意味がない**のです。ある馬の状態を見極めるならば、その馬の前走どうだったか、前々走はどうだったか、その変化をチェックする必要があります。

ただ、競馬予想は多くの要素を考えれば正解に近づくかといえばそうではなく、むしろ遠ざかることすらあります。陣営やマスコミの太鼓判を信じて勝ったら裏切られた、なんてことは日常茶飯事でしょう。私は**馬場や展開、枠順といった要素の方が重要**だと考えています。だから、冒頭の通り状態面や追切はそこまで重視していないというわけです。

テーマ7

# 馬の衰えをどう判断するか

## 本島修司の読み解き方

格を重んじている、ということを語る上で、もうひとつ付け加えておきたい。それは『**交流G1はG1だと思っていない**』ということ。僕は、交流G1は中央で言うとG2だと思っている。つまり、ダート馬なら、交流G1馬はG1馬として扱わないが、中央G1はG1として扱う。2021年、1月24日。東海Sでアナザートゥルースという馬の単複を買っていた。7番人気ながら2着に走ってくれた。この馬が明け7歳だった。しかし大きな衰えはないと判断していた。同じく明け7歳馬でインティという馬も出ていたが、こちらはフェブラリーSの勝ち馬。頂点のG1で勝ち負けしてきた馬だ。

## G1馬のピークについての考え方

僕は一流オープン馬の衰えに関しては、『単純年齢』ではなく、『**いつからピークの時節に入ったか**』と『**どんなタイプか**』で見る。具体的には『G1連対から、まる1年間か、まる2年間』が、一流オープン馬のアスリートとしてのピークと見る。その上で、タイプ別に分ける。大きく分けるとG1を勝ち負けする馬では『**王道型**』(G1初連対が2~3歳春、4歳秋までがピーク)、『**早熟型**』(G1初連対が王道型と同じなのに、成長せず4歳時に衰退)、『**晩成型**』(G1初連対が4歳秋以降、そこからまる1年か、まる2年がピーク)などがいる。そしてそれ以外の馬で『**G2ダラダラ型**』(G1で大敗するG2の役者のぶん、ピークの時節がぼやけて、芝馬だと7歳あたりまで、ダート馬だと8歳あたりまでもつ)というのがいる。交流G1しか勝たないアナザートゥルースは、僕の中では『G

2ダラダラ型』だった。衰えはないと判断していた。前走チャンピオンズCではボロ負けの大敗。それは当然で、もともとG1を勝ち負けする器ではないと思っていた。だからこの馬が衰えていなかったことを見抜くことができた。

## TAROの読み解き方

馬の衰えというと、真っ先に考えるのが年齢についてだと思います。しかしながら、年齢は正直あまり関係ありません。なぜか？　馬は一頭一頭個性が異なるためです。当然のことながら、3歳でピークを迎える馬もいれば、むしろ6歳や7歳になってピークを迎える馬もいます。

とりわけ最近は育成技術の進化もあり、競走馬のキャリアが長くなっています。かつては7歳馬といえば超大ベテランのようなイメージでしたが、今では割と普通に走っています。地方競馬では中央Ｇ１でも活躍したサウンドトゥルーが11歳まで重賞戦線でバリバリ走っていましたし、やはり中央Ｇ１で活躍したノンコノユメは、地方に移籍した後、９歳で出走した帝王賞で中央勢相手に大穴をあけました。２０２０年の有馬記念2着のサラキアや、２０１９年の有馬記念を圧勝したリスグラシューなども、現役ラストランになるのがもったいないくらい、むしろ**これからさらに強くなる予感**すらありました。

## 馬の衰えをどう考えるか？

馬の衰えには大きく2つあって、１つは**肉体の衰え**、２つめは**精神面の衰え**です。後者に関しては判断が難しいですが、例えば掛かるくらいの気性だった馬が妙に落ち着いて来た、スタートからのダッシュ力が自慢だった馬が、行けなくなった、こういったことは素直に衰えと認められるかもしれません。しかし、肉体の衰えに関しては、とりわけ最近の競馬では安易に判断しない方が良い気がします。むしろ、**馬券的なことを考えるならば、ベテランの馬は買い**ですらあります。

特に注意すべきは、**ダート戦や長距離戦**です。２０２１年のフェブラリーSでも、４歳カフェファラオに続いて２〜３着に突っ込んだエアスピネル＆ワンダーリーデルはいずれも人気薄の８歳馬。ワンダーリーデルは根岸Sでも10番人気２着に好走しており、むしろ高齢であることが人気抑制作用として働いた印象です。**安易に衰えと判断するのは禁物**ということです。

テーマ
8

# 日本の騎手と、外国人ジョッキーをどう見るか

## 本島修司の読み解き方

ＪＲＡは**「競馬学校制度」**だ。入学は狭き門。そしてその狭き門には、身内の子供などが多く入学している。まず、この初段階から、本当にきちんと才能の篩にかけているのかどうか微妙だと感じる。卒業までの道のりは厳しいようだ。だが、世の中、才能のない者を厳しく育てても意味がない。オリビエ・ペリエがシンボリクリスエスやゼンノロブロイで大レースを勝ち、ミルコ・デムーロがネオユニヴァースで2冠を制し、クリストフ・ル

メールがハーツクライでディープインパクトを負かした。あの時代から、**外国人ジョッキー**が日本で活躍し始めた。ペリエは世界的に見ても一流のフランスリーディングジョッキーだが、他の二人はどうか。ルメールは母国フランスで最高5位。ミルコ・デムーロはイタリアリーディングを獲得した後に、ジョッキー激戦区であるフランス、イギリス、香港の競馬ではまったく歯が立たなかった。ルメールは世界の2流、ミルコ・デムーロは世界の3流という位置付けであることは間違いない。

## 日本人と外国人ジョッキーの比較はこう考える

そして今、JRAの競馬は、世界の2流ジョッキー、ルメールを中心に回っている。JRAの騎手は世界の2流より下という位置付けになる。世界のトップに君臨する、**ライアン・ムーア**、**クリストフ・スミヨン**、**ジョアン・モレイラ**のようなクラスと比較すると、まるで動きが違うのは当たり前。特に大レースほどジョッキーは大事で、G1では彼らの馬券を買うべきだ。アジアエクスプレスの様なダート馬を芝で動かしてしまったのは**ムー**

**ア**だ。リスグラシューは**モレイラ**で悲願達成のG1制覇、**ダミアン・レーン**がさらにその才能を開花させた。日本ではG1チョイ足らずのグローリーヴェイズを香港でG1馬にしてしまったのも**モレイラ**だ。外国人ジョッキーの格をしっかりと知ったうえで、G1では世界的に格が上のジョッキーを買うこと。どんな世界でも**『資格者はピンキリ』**だ。

## TAROの読み解き方

日本人騎手vs外国人騎手、と書くと、やはり多くの方は、外国人騎手は上手いから買いだ、と思われるかもしれません。確かにそういう側面もあります。

ただ、冷静に考えれば日本に来る、主に**短期免許の外国人騎手**は上手くて当たり前なのです。なぜなら、現在はルール上**各国のトップクラスの騎手しか来日できない**ためです。

また、馬主や陣営にとっても外国人騎手はしがらみがなく起用しやすいという側面もあります。騎手自身も一発勝負が多いので、やはりパフォーマンスを発揮しやすい。日本競馬は賞金も高いので、特にビッグレースにおいて外国人騎手は買いという点に異論はありません。そういう制度設計になっているからです。

## 意外と見落としがちなスタイルの違い

ただ、だからと言って外国人騎手が上手いかというと、それは**少々怪しい面**もあります。来日した騎手の中でも、海外では良い成績を残しながら、日本競馬にはフィットできなかった騎手も多々います。**アンドレア・アッゼニ**騎手などはどちらかといえば人気を裏切ることが多かったですし、世界的な名ジョッキーである**ライアン・ムーア**騎手ですら、日本競馬では人気先行型です。

なぜか？　これは**スタイルの違い**です。馬に適性があるように、騎手にも適性があります。ものすごくザックリわけると、日本馬は基本的にスピードと切れ味が武器、一方で欧州の馬はスタミナと持続力が武器です。日本馬のスピードを生かすには、時として、欧州馬のスタミナを生かすのとは異なる技術を問われることになります。

オルフェーヴルが初挑戦した凱旋門賞で、結果的に早仕掛けで負けてしまったのは、日本型の切れ味とスピードを秘めるオルフェーヴルの反応の良さをクリストフ・スミヨン騎手が想定できなかったためでしょう。

したがって、重要なのはどこの国籍であれ、**ジョッキーの特徴や個性を見極める**ことです。

# テーマ9 評価する騎手は誰か

## 本島修司の読み解き方

　まず、騎手には**『先行した時だけスムーズな騎手』**というのが一定数存在する。ここを理解しておくことで、騎乗の見方が一気に肥えてくる。そういう騎手でも、馬質が良ければリーディングでは上位にくるが、それがイコール本当の上手い騎手ではない。川田騎手と北村友騎手だ。共に「重賞、中団のイン」が下手な騎手だ。途中まで「差し戦法だった競馬」が、直線に向くと、なぜか「追い込み」になったりする。４角の加速がないのだ。

北村友騎手の場合、クロノジェネシスでかなり成長したと思う。それでもまだ、重賞で人気馬に乗ると、インで詰まって後手後手にという光景は多い。七夕賞のヒンドゥタイムズ（4着）などは、北村友騎手の差し競馬に多い例だ。

## 日本人騎手の実力者は？

ただ、JRAにも見どころのある騎手もいる。ポイントは『**差し競馬でも、馬群の中でも、勝つ時も負ける時もスムーズに回ってきているかどうか**』。まずは、**酒井学騎手**。もともと差し競馬が上手だった。レッドジェニアルやヴァンケドミンゴなど、いつも完璧に乗っている。続いて**坂井瑠騎手**。ポジションを取るまでの速度が速い。馬群の切れ目に潜り込む瞬間の動作も速い。極端な競馬をやめれば、さらに伸びる。そして、**松山騎手**。この騎手は以前から褒めてきたが、デアリングタクトでブレイクした。**石橋脩騎手**。もともと腕がいいと書いてきた騎手。最近だとザダルやタガノビューティーで好騎乗が続いている。G2までなら差し競馬もキッチリ決める。馬群を弾く姿に気迫も感じる。最後に、**横**

**山武騎手**。勝利数は関係ない。本質が出るのはメインレース。道中はレース自体をコントロールしている印象。合わせてヨーロピアンスタイルの追い方で、けっこう馬が〝**動く**〟。大舞台でもやれそう。パワー型・ロベルト系が蘇った「令和・エピファネイア時代」とも合う騎手だろう。

## TAROの読み解き方

ジョッキーの特徴や個性を見極めることが大事、と前章で触れました。これは、**どのジョッキーを評価するか**、という点にも通じます。

騎手を読み解く上で大事なことは、「特徴や個性を掴むこと」です。極論すれば仮に下手な騎手でも、**その騎手の買いどころ**がわかっていればそれで良いのです。買えるシチュエーションで狙えば良いのですから。

したがって、評価する騎手は主観でも良いといえます。どういうタイプの騎手が買いやすいか、ということです。私にとって買いやすいのは**大野騎手**や**丸田騎手**といった戦略を読みやすい騎手です。これらの騎手は基本的に積極性には欠けますが、上手に馬の末脚を引き出す騎乗をします。つまり、溜めれば末脚を使える馬や、外が伸びる馬場で買えば良いのです。フェアリーSとフラワーCで連続好走を果たしたホウオウイクセルは、丸田騎手の個性が良く出たレースでした。大野騎手だとサウンドトゥルーやスノードラゴンなどを思い浮かべると良いでしょう。

## 『買いやすい』騎手の特徴を把握することが重要

また**世間の評価と実態に乖離があるジョッキー**も買いやすいといえます。2021年でいえば**横山和生騎手**が該当します。同騎手は思い切りが良く、とりわけローカルでは思い切った逃げやマクリなどで頼りになりますが、弟の横山武史騎手と比べ人気になりづらく、2021年上半期の段階では非常に儲けやすい騎手です。若手の中ではカラテとのコンビでブレイクしつつある**菅原明騎手**は非常に追える騎手ですし、**中井騎手**はダートで頼りになります。**鮫島駿騎手**は当たりの柔らかさで馬の末脚を引き出すのが得意で、サンレイポケットやエアスピネル、トゥラヴェスーラとのコンビで活躍していますが、まだ世間的にはあまり認知されていません。

いずれにしても、上手い騎手よりも**動きを読める騎手、買いやすい騎手**という視点が巧拙以上に大事です。何より、騎手に怒りをぶつけるのは品のある行為ではないですから、本書の趣旨にも合っているといえるでしょう。

テーマ
10

# 一番知性的な馬券の買い方とは

## 本島修司の読み解き方

僕の場合は**単複**だ。**単勝と複勝**は控除率が優遇されていることは、有名な話だ。だが、それを実感することはあまりない。その点よりも『**レース中に1頭をしっかり目で追える**』ということの方が重要だと感じる。いろいろな馬券を買っていると、馬がゴール前でゴチャゴチャと突っ込んできた時に、何がなんだか、わからなくなる。だが、単複なら「その馬1頭と一緒に戦っている感覚」を持つことができる。その時、競馬がスポーツになる。いや、**〝馬券がスポーツになる〟**様な感覚をもつことができる。

## 単複が最適な理由とは？

また、僕の場合**『馬単位』**という競馬のやり方をしているので、基本的には、待っていた馬を待っていたレースに出てきた時だけ馬券を買うことになる。そういう意味でも、単複は最適だと言える。狙っていた馬が、同じレースに2頭被って出てきた時は、横の比較、いわゆる「どちらを買おうかな」という「競馬予想的な感じ」に陥る。『実力差』と『そのレースに合っているのはどっちか』という観点をもとにしてどちらかに絞るが、どうしてもう1頭の方を捨てきれない時もある。AとBで決まらない。そういう時は**『Aの馬の単複+A&Bのワイド一点』**という買い方をする。ｎｏｔｅと言う媒体で、毎週金曜日に週末見解のコラムを書いているが、僕が買う馬券はいつも単複。馬券的にはつまらなく感じる人は読んではくれないだろうが、馬券は1頭の馬と一緒にフィニッシュまで走るスポーツだという感覚を持っている方はよく購読してくれている。僕は、そういう競馬ファンが増えることがうれしくて、競馬の本を書いている。

## TAROの読み解き方

馬券の買い方は、現代競馬における**非常に重要なテーマ**です。

「予想は良かったのに、印は完璧なのに儲からなかった」

こんな経験は誰しもあるはずです。かつては単複枠連しかなかったのが、今は3連単まででできました。つまり**「印をつけた後が勝負」**なのです。**予想以上に買い方が重要**と言っても良いほどでしょう。そこで重要なことは**自分のスタイルを確立**する、これに尽きます。というのも、馬券の買い方に絶対的な正解はないのです。極論すれば3連単1点勝負という極端な買い方であっても、めったに当たらないでしょうが、間違っているとは言い切れません。ただ、そのためにはその買い方にどういうリスクがあるかを知る必要があります。

3連単1点勝負であれば、基本的にめったに当たりません。めったに当たらないのですが、だからと言ってブレてしまっては大きな回収を逃してしまいます。つまり絞るということは、すなわち連敗に耐えるメンタルが重要になるわけです。

仮に99連敗していても、何食わぬ顔で100度目のチャレンジをすることができるかどうか、そのためには自分のスタイルを確立する必要があります。

## キャプテン渡辺さんの馬券スタイルは知性的

例えば、競馬好きで知られるタレントのキャプテン渡辺さんは**自分のスタイルを確立**しています。キャプテンさんは基本的に馬連やワイドを絞って買っていますが、自身のスタイルがどれくらいの確率で当たるか、外れるかを理解しているので、多少の連敗であってもブレることはありません。だからこそ、時に大きな回収をして高回収率を実現しているのです。キャプテンさんはしばしば当たらない、逆神といった扱いをされますが、私から見ればそれを言う人は見る目がありません。むしろ、自分のスタイルを確立し、**知性的な**

**買い方**をしているといえます。

ですから、買い方が上手くなるためには、自身の買い方がどれくらいの的中率を必要とするのか、それを考えることがスタートになるでしょう。

# 第2章

# 現代競馬、世界レベルで研ぎ澄まされた、芝路線のキモ！

テーマ11

# 日本の芝馬は、世界的に見て強くなったのか

## 本島修司の読み解き方

海外馬券を例に、日本の芝馬の強さを見てみたい。日本の芝馬は明らかに世界レベル。いや、**世界一というレベルの近く**にある。そのため、海外G1で日本馬を買う馬券は十分成立する。しかし、そのぶん、日本馬贔屓な売れ方をすることも多い。ある意味では、馬券的に面白味があると言えるかもしれない。日本の競馬ファンというのは、世界で一番目が肥えていて、日本のJRAが舞台となると、そうやすやすと**「見逃されている実力馬」**

というのを発見することができない。自分ではそれなりに発見しているつもりだし、馬券で結果も出しているが、レース後に「この馬、よくこんなにしっかり人気になっていたな」と思うことも多い。それくらい、日本の競馬ファンは玄人化が進んでいる。

## 例外もある

しかし、そんな目の肥えた日本の競馬ファンたちの見立てに、ズレが生じるのが、**海外競馬に日本馬が出走した時**だ。つまり、海外Ｇ１を日本で馬券発売する時。僕は２０２０年から、わりと海外馬券を買うようになった。積極的に、といっても、とりあえず２レースに手を出しただけだが。その２レースともとりあえず的中し、２レーストータルでプラスを作ったので、いくつかコツを記したい。凱旋門賞、ソットサス（１着）の単複。香港マイル、アドマイヤマーズの単複（３着）。共に比率１：５の単複。アドマイヤマーズは複勝１１０円で少しマイナスにしたが、走り自体は完璧だった。ソットサスは人気を落としていた。２レーストータルでプラスを作ったが、このどちらもが**「前年３歳で好走した**

**馬」**だった。そう、リピートでの好走を狙ったものだ。
まとめる。日本の芝馬は世界一、強い。しかし、海外G1で日本馬の馬券をヤタラメッタラ買っても当たるものではない。オッズに歪みも生じている。コツは『**海外の強い馬と日本の強い馬を本当にフラットに扱って分析すること**』だ。

## TAROの読み解き方

結論から先に申し上げると、**日本の芝路線は世界最強**です。これは何も自国贔屓ではなく、むしろ客観的に見れば見るほど、日本の芝路線のレベルの高さがわかるはずです。

もっとも、日本ではあまりこのことが認知されていません。恐らくですが、芝の最強馬決定戦と言われる凱旋門賞で、ディープインパクトやオルフェーヴルといった最強馬が〝世界の壁〟に跳ね返されているからでしょう。

## 単純に強さを比較するのは難しい

しかし、本当にそうでしょうか？　では逆に、凱旋門賞で好走した馬が、現在のジャパンカップでどれだけ好走できるでしょうか。両方のレースで好走できる馬が、果たしてどれだけいるでしょうか。つまり、それだけ日本と欧州の競馬、もっといえば世界の競馬は、国によってそれぞれ個性が異なる、**別の競技**なのです。野球とサッカーほど違うとはもちろん言いませんが、陸上でいえば１００m走と４００m走くらい異なる……といえば伝わるでしょうか。だからこそ、日本では必ずしも最強クラスではなかった**ナカヤマフェスタ**が凱旋門賞であわやの2着と好走したり、国内G１では通用しなかった**エイシンヒカリ**が香港やフランスのG１を勝つことができるのです。

ドバイターフで3年連続連対を果たした**ヴィブロス**も、国内G１で目立った実績といえば秋華賞勝利くらいですし、２０２１年のドバイターフで2着した**ヴァンドギャルド**に至っては、国内ではG２やG３でようやく好勝負できるレベルの馬です。

一方で、香港や欧州のG１馬たちが、果たして近年の日本のG１でどれだけ好走しているでしょうか？　スプリント路線でたまに好走する馬こそいますが、ジャパンカップではもはや通用せず、チャレンジすらしなくなってしまいました。もちろんトップレベルだけを見れば世界にはとてつもなく強い馬が出現することもありますが、層の厚さでいえば間違いなく日本の芝馬はナンバーワンといえます。

テーマ
12

# 馬は、どのタイミングで好走するか

## 本島修司の読み解き方

先に書いた通り、凱旋門賞でソットサスの単複を買った。一流馬には『好走するタイミング』というものがある。リピートでの好走など、その最たるもので、なぜリピートで好走する馬が一定数いるかというと**『季節・格・距離・コース』**、その全てが得意だからだ。なので、一年後にまた同じレースで走る。ソットサスの例もアドマイヤマーズの例も1回目の好走は「3歳時」だった。その馬が、ある程度通常の成長曲線を描いて、一年後にまた出てくるとよく走るのが**「3歳時好走↓4歳時リピートでの好走」**のパターン。このパターンは、日本でも海外でもけっこうある。こういうタイミングを待つ。逃さないことだ。

## どのタイミングで買うかも重要だ

ソットサスの場合、人気がなかった理由は、3歳時ほど成績に勢いがなかったからだろう。ただ、様々な媒体を使って、ソットサスの1年分のレースVTRをチェックすると、大きく外に回りすぎたレースや、若干追いづらそうな体勢になっているレースがけっこうあり、僕の見立てでは**「ほとんどのレースで着順があと1つか2つ上」**だった。4歳で一般的な成長曲線は描けていると思った。そこで凱旋門賞でと思い待っていた。すると、日本馬ディアドラの参戦があり、正式に馬券が発売。ソットサスを3歳時に凱旋門賞3着になった姿を見て、そこからヤタラメッタラ買っていたらこうはならない。それでは「馬券のタイミング的に後手に回る」状態。焦ってはいけない。僕は「先手必勝」や「攻撃は最大の防御」という言葉が好きだが、馬券において「先手の攻撃」とは、すぐ買うことではなく、タイミングを探りながら、レースVTRをたくさん見ることなのだ。本書執筆時の今、2021年コーラルSでバティスティーニの単複を買った。8歳馬だがG1を勝ち負けする一流馬ではないから衰えはなかった。昨年の3着馬だが、リピートして2着に好走。11番人気だった。この馬を買ったのは2018年ホープフルS（3着）以来だ。

## TAROの読み解き方

日本と欧州の騎手や馬の違いにも通じることですが、重要なのは個性を知ること、特徴を掴むことです。馬でいえば、**〝適性〟**ということになるでしょうか。したがって、馬が好走するタイミングというのは、よほどの突き抜けた能力がない限り、やはり適性のある条件下ということになるでしょう。

極端な例にはなるかもしれませんが、2019年の有馬記念ではアーモンドアイが1・

5倍という断然の支持を集めながら9着と惨敗しました。例えばこのとき8着だったのはヴェロックスでしたが、では、ヴェロックスがアーモンドアイより強いかと問われれば、恐らく即座に首を横に振るはずです。それだけ、競走馬はちょっとした条件の違いで能力を出せたり出せなかったりするわけです。試験において、英語はできるけど、数学はできない、というのと同じことです。距離やコースによって、それだけ求められるものが変わるわけです。

## どんな条件が得意かを考える

したがって、馬の適性を知ることが、買うタイミングを知ること、馬の立場で言えば、走るタイミングに繋がります。2020年の宝塚記念、2021年の大阪杯で穴をあけた**モズベッロ**という馬がいます。この馬はG1でも好走する力がありながら、2021年のAJCCでは5着、京都記念では8着と、わりとG2でもアッサリ負けてしまいます。これはモズベッロという馬が、基本的に上がりが掛かり外が伸びる馬場でしか好走できないためです。京都記念はスローの前残りで、同馬にとってはまったく条件が向かなかったのですから、仕方ないことです。

もしかすると、それくらい常識だし、わかってるよ、と思われたかもしれません。それは大いに結構なことだと思います。なぜなら、**「競馬はわかっていることの繰り返し」**だからです。

テーマ 13

# 日本競馬、芝の硬さについての見解

**本島修司**の読み解き方

ＪＲＡの芝は、**世界で一番硬い**と感じる。最近では、『含水率』に続き、２０２０年から『クッション値』の公表も行われるようになった。クッションが効いていても硬いものは硬いが。当然、雨や、開催が進むことにより「馬場が荒れてくる」。その切り替えが大事だ。ハッキリ言うと僕は『展開』より『馬場』の方が大切だと感じる。なので、馬場だけは**前週の馬場をよくチェックする**し、レース当日に買う馬を変えることはないタイプなだけに、木曜日の段階で**週末の天気予報はしっかり見ている**。また、開催が進んで荒れてくる現象以前に、そもそも競馬場によって芝の性質が違う。そこを注視している。あえて単純に「硬い」「柔らかい」と表現するのなら、東京競馬場の芝が一番硬いと感じる。中山や阪神はやや粘り気を感じる。中山の開幕週などは、直線の短さと馬場の綺麗さで、どこまでいっても前が止まらない競馬が展開される。札幌、函館の寒冷に強い洋芝は、言わずもがな。欧州血統馬が走ってしまうほど、独特の重さがある。函館はその傾向が解消されてきたとも言われているが、**「第2のエリモハリアー」**は、おそらくまた出る。

## 実例を挙げると？

**スマイルカナ**。2020年の京成杯AHでこの馬の単複を買った。途中からハナに立ってレースを引っ張り、中山開幕週の**〝後続が差して来られない馬場〟**を利して2着に好走。**ノームコア**。札幌記念で初めて単複を買った。後にも先にも、この馬を買ったのはここだけ。東京のマイルでも強かった馬だが、ずっと**「ハービンジャーで札幌と函館の洋芝がベ**

スト」と宣言してきた1頭。こうやって、馬場を〝使って〟勝つ。硬い馬場。このフレーズを聞くと、多くの早期引退した名馬を思い出す。キングカメハメハ。フジキセキ。そして、2001年最強3歳世代の主役だった、アグネスタキオン。引退もそして死んでしまうのも、あまりにも早すぎた。これは、馬場の硬さとは、関係のない話だが。

## TAROの読み解き方

単純に硬い芝と柔らかい芝があるとすれば、やはり日本の競馬は硬い芝であると感じます。最近は欧米への遠征も珍しくなくなり海外競馬を見る機会も増えましたが、とりわけ欧州の芝は日本と比べると柔らかいのがよくわかります。レース中で芝の塊が飛ぶシーンも多く見られますし、そもそも欧州の競馬は適度に水分を含んだ馬場がベストだと考えられているフシがあります。最近は日本競馬でクッション値も発表されるようになったので、ある程度時系列の硬さの比較はできるようになりました。

では、馬券を考える上ではどうかというと、正直なところどちらでも良いと感じます。硬いか柔らかいかという考え方も大事ですが、何より馬場を見る際には**どこが伸びるか、内なのか外なのか、**という考えの方が大事です。

## 重要なのは伸びるコース

何となくのイメージで高速馬場・硬い芝になると前が止まらないと言われますが、少々怪しいところもあります。レコードが出るような高速馬場においては、むしろ逃げ馬はオーバーペースになりやすく、案外差しが届きます。逆に雨が降って柔らかい馬場になった方が前が止まらず内が伸びる……というケースも多々あります。2021年の夏の小倉の開幕週はレコード連発の超高速馬場でしたが、前が止まらなかったというよりも、むしろ大型馬が惰性で走り切るシーンが目立ちました。近年もっとも内が伸びたのは2018年の1回小倉初日だと記憶していますが、当時は雨で稍重でした。

いずれにしても、馬場を見る際は時計や硬さよりも、**〝伸びどころ〟の把握**が最も大事になります。内か外か、前か後かということがわかれば、特に硬さについては気にしなくて良いでしょう。また予想全般に言えることですが、多くのことを考えれば考えるほど正解から遠ざかっていくのも、競馬の難しさです。

テーマ 14

# スプリント路線を制するポイント

## 本島修司の読み解き方

日本の芝馬は、基本として「中距離馬」が強い。世界一のレベルにある。**マイルやスプリントの方が、世界的に見ると弱い。**ここがポイントとなる。例えば、スプリントは、香港競馬とオーストラリア競馬が強く、これらの地に日本のスプリンターが遠征してもけっこう苦戦をしいられる。毎年12月に行われる香港シリーズでも、２４００ｍや２０００ｍの方が、日本から勝ち馬が出やすい。『香港スプリント』だけが、なかなか通用しない。

過去にここを勝てたのはロードカナロアとダノンスマッシュしかしない。オーストラリアでは近年、リスグラシューやメールドグラース、アドマイヤラクティ、デルタブルースなどがG1を勝っている。しかし、やはり1200mのG1は勝てないし、日本から遠征しようという感じにもならないようだ。

## 日本のスプリントG1の考え方

日本のスプリントG1に話を戻すと、2020年は、スプリント界というよりも、短距離界全体に**グランアレグリア**という核ができて「正真正銘のチャンピオンによってキチンと統一された感」があった。だが、**こういう年は稀**だと思う方がいいだろう。そうした中で、どういう馬がスプリントG1で強いか。ひとつ、ポイントがあって、G2~G3を圧勝して、突然才能が開花した新星が、勢いのままチャンピオンになってしまうパターン。近年のスプリントG1でいうと、タワーオブロンドン、ファインニードル、カレンチャン、スリープレスナイトなどが、これに該当していた。**低レベル**。だから、いっときの勢いで登り詰めることができる。それがスプリントG1の本質だ。2021年の高松宮記念は、シルクロードS圧勝のシヴァージが出ていれば確実に勝ち負けだった。仕方がないので、強い方の路線、つまりマイルから、阪急杯を勝って1200m路線まで〝上手く落とし込んできた〟、レシステンシアの単複を買った。

## TAROの読み解き方

スプリント戦は電撃戦と称されるように、1分少々で勝負が決するレースです。当たり前のことですが、スプリント戦を読み解く上では、これが大きなポイントになります。一瞬で決するからこそ、長距離戦と比較して道中のリカバリーが利かず、例えばスタートでの出遅れやコース取りや前が詰まることによる不利などが結果に直結するのです。

2021年現在、現役最強スプリンターの一頭・**ダノンスマッシュ**を考えれば理解できるでしょう。ダノンスマッシュは2020年の香港スプリントの覇者。しかしながら、まったく同じコースで約4カ月後に行われた2021年のチェアマンズスプリントでは、1・4倍と断然の支持を集めながら6着に惨敗してしまいました。しかも、負かされた馬たちの多くは、香港スプリントで退けた馬、あるいはその退けた馬にすら歯が立たなかった馬たちでした。

## わずかな差で順位が大きく変わるスプリント戦

これこそがスプリント戦の本質です。つまり、**ちょっとした不利や枠の差によって案外アッサリと順番が入れ替わってしまう**わけです。ダノンスマッシュに関していえばチェアマンズスプリントも枠順がポイントでした。当日のシャティンの馬場はイン有利が明らかで、外枠で終始外を回らされたダノンスマッシュにとってはロスが大きく響きました。たったそれだけ……と思われるかもしれませんが、**たったそれだけが、短距離だからこそ大きな差**になります。

馬券を買う上では、こういった不利を記憶しておくだけでも今後に生かすことができます。自慢話になってしまい恐縮ですが、私が2021年のオーシャンSで本命にして、11番人気で勝利したコントラチェックも、直近2度のスプリント戦では致命的な不利を受けて力を出せていませんでした。**不利やトラックバイアスを記憶**しておくだけで、大きな馬券に繋げることができるのがスプリント戦なのです。

テーマ
15

# マイル路線を制するポイント

## 本島修司の読み解き方

**中距離馬の参戦**。これがキモだ。マイル王となったステイゴールド産駒のインディチャンプは、安田記念とマイルCSを両方に適性があり、春秋マイル王。こういう馬は久しぶり。かつてのエアジハードあたりを彷彿とさせる。だが、こういう春秋連覇のような存在が君臨する方が稀だと思うのがいい。前述したグランアレグリアもそうだが、この生粋の短距離馬としてチャンピオンになったグランアレグリアとインディチャンプという2頭が、

２０１９～２０２０年の短距離馬のレベルを引き上げた。しかしこの2頭に惑わされてはいけない。マイル路線には中距離馬たちの参戦がある。ハッキリ言うと、マイル路線の馬より、中距離路線の馬の方が強い。この傾向は、２０２１年以降、また再燃すると思う。

## 近年中距離馬はマイルG１で結果を出せなかったが……

２０１９年のマイルＣＳではダノンキングリーが負けた。２０２０年のマイルＣＳでもサリオスが負けた。3歳の日本ダービー2着馬が、毎日王冠で古馬を一蹴して挑んだのに負けた。だが、ダノンキングリーは初の関西遠征で苦戦し、サリオスは乗り方も酷かった。普通に流れに乗せていれば3着はあった。また、馬は距離を延長していくより、**短縮していく方が、別路線に参入しやすい**ものだ。この点からも、１２００～１４００ｍからマイルＧ１に出るよりも、１８００～２２００ｍからマイルに出る方がよい。データ上ウンヌンではなく、この理屈が大事。ステップレースで言うと春は京王杯ＳＣ馬、秋はスワンＳ馬を軽視している。安田記念でいうと、最高のローテーションは大阪杯で真ん中以上の着順くらいの馬やドバイ帰りだと思う。マイルCSで言うと、最高のローテーションは天皇賞秋で真ん中以上の着順くらいからか、毎日王冠圧勝馬だと思う。

## TAROの読み解き方

日本におけるマイル戦を考える上で大きなポイントは、競馬場ごとの違いではないでしょうか。ひとくちに芝のマイル戦といっても、競馬場によって実に様々です。直線が長く左回りの東京マイルと、スタート直後にコーナーを迎える右回りの中山マイルではまるで求められる個性が異なりますし、急坂で長い直線の阪神のマイル戦や、平坦で長い直線の新潟のマイル戦も似ているようで異なるコースです。

## 同じ距離でもコースによる違いを考えることが重要

この違いを如実に表しているのが、例えば**阪神牝馬Sとヴィクトリアマイルの違い**であり、**マイラーズCと安田記念の違い**です。これらはともに、2021年は前者が阪神芝1600m、後者が東京芝1600mで行われました。同じ直線の長いU字型のマイル戦でありながら、求められる適性は異なります。

阪神牝馬Sが外回りの1600mになって6度を数えますが、毎年のように本番のヴィクトリアマイルでは順番の入れ替わりが起こります。2021年も阪神牝馬Sを勝ったデゼルは、ヴィクトリアマイルで4番人気8着、2着のマジックキャッスルはヴィクトリアマイルで5番人気3着と巻き返しました。マイラーズカップとの関係性も同様で、阪神マイルになった2021年は、勝ったケイデンスコールが安田記念では10着と惨敗しました。

スプリント戦のように枠や馬場による出し入れももちろん重要ですが、それ以上に同じ距離でもコースによる違いを考えることが重要になります。中山芝1600mはスタート直後にコーナーがあることにより枠の有利不利が非常に大きいですし、新潟の外回りは馬場による影響を受けやすいコースです。

マイルと言っても、これだけ個性があるのが日本の競馬です。**マイル戦を攻略するには、それぞれのコースの特徴を掴むことが大事**になります。

# テーマ16 中・長距離レースを制するポイント

## 本島修司の読み解き方

中距離G1戦線。これが馬券的にも**「勝負するべきポイント」**となる。日本馬は世界で一番強いし、洗練されてもいる。強ければ強いほど、格の差が明確になる。ここに着目したい。日本競馬は格の体系化がしっかりしている。これがそのまま馬券にもなる。具体的に言うと、「ダートのG2とダートG3」なら、実はそれほど大きな差はない。少しはある。だが、東海S（G2）と平安S（G3）で「クラス的に大きな壁」があるかというと、それはあまりない。

## 芝の別定G2は格が重要だ

しかし、芝は違う。G2とG3、特に、**別定G2は神聖な領域で、G1へ繋がる。**G3はむしろ「ハンデG2～ハンデG3と同じくらい」と見るのがいい。別定G2だと「G3クラスの馬が通用しにくい」。例えば、2021年のAJCC。別定G2のレースだ。人気になっていた3頭アリストテレス、ヴェルトライゼンデ、サトノフラッグはみんな『充実期の明け4歳+クラシック3着以内好走歴がある』G1クラスの馬だった。今後、G1を取るかどうかはわからない。ただ、最低でもG1に向かっていく器、ということ。しかも彼らは「G1の菊花賞→G2のAJCC」という、格落ちの一戦。今日、どの格を走るかわからない馬たちにとっては、ラクに走れるパターンだ。結果は、不良馬場で大荒れも予感させながら、そうはならない結果に。サトノフラッグだけが成長力不足もあるのか、大敗してしまったが、アリストテレスとヴェルトライゼンデがワンツーを決めた。そして

3着には人気薄、ラストドラフトが粘り込んだ。この馬は昨年の同レースの3着馬。リピーターだ。一流競走馬には走るタイミングがあるということは、本書の最初に書いた通り。これら3頭はまさに一流競走馬が走るタイミング通りに〝動いた〟レース。**中距離路線ほど、格に忠実。**それが日本競馬だ。

## TAROの読み解き方

まず中長距離戦を考える上で重要なことは、この路線は**絶滅危惧種**であるということです。日本競馬においても長距離戦はたびたび距離短縮論争が起こっており、海を越えてフランスでは、2005年からダービーの距離が2400mから2100mに短縮されています。日本でもかつては春秋ともに3200mだった天皇賞が、今では秋の天皇賞が2000mに短縮されています。

競馬のスピード化が著しい現代、実はそこに長距離戦の馬券を読み解くポイントがあります。つまり、長距離戦はガラパゴス、特殊条件なのです。
競馬予想において〝**特殊条件**〟という考え方は重要です。特殊条件は何が重要なのか、それは**適性**です。通常は行われない条件だからこそ、固有の適性を問われるわけです。これは短距離戦を考えるポイントとは真逆になります。

## 長距離戦と短距離戦の違い

短距離戦ではちょっとした馬場や枠の有利不利が重要とお伝えしました。一方、長距離戦はそういったことより適性が重要になります。2015〜2017年のステイヤーズSを3連覇し、2019年の同レースでも2着したアルバートという馬がいました。同じレースで4度も馬券に絡むなど、短距離路線ではなかなか考えづらいことですが、長距離戦ではしばしばこのようなことが起こります。同じステイヤーズSにおいて、トウカイトリックは2006年に2着、2011年に3着、2012年に1着、2013年に3着と足掛け8年で4度も馬券に絡む活躍を見せました。

　バイアスが重要な短距離、適性が重要な長距離と考えればわかりやすいかもしれません。オリンピックでも、100mよりマラソンランナーの方がベテラン勢が活躍できます。競馬も同様で、長距離戦は才能よりも鍛錬が重要な舞台だからこそ、**リピーターの活躍が目立ち、適性のある馬が何度も好走する**わけです。

# 第3章

## 現代競馬、俄然充実度が増してきた、ダート路線のキモ！

テーマ17

# 日本のダート馬たちの現在地とは

## 本島修司の読み解き方

2020年、クリソベリルが4歳の春にサウジCで7着。これが現実だと思う。長く第一線で活躍したゴールドドリームも、4歳春の充実期にドバイワールドCでは14着。日本のダート馬は世界の一流どころには通用していない。

ホッコータルマエ、カネヒキリ、ヴァーミリアン。みんなドバイでは厳しい戦いだった。

2021年、ドバイワールドCのチュウワウィザード2着には驚いたが。芝馬と違って**ダー**

**ト馬は、アメリカやドバイの馬との差がまだ大きい。** クロフネの挑戦が見られなかったのは今でも痛恨に思う。

ゴールドドリームはレックススタッドで種牡馬入りした。社台スタリオンステーションには入れなかった。後述するが、社台スタリオンにはまったく新しいアメリカの種牡馬が続々と到着している。その中から日本のダート競馬のレベルを塗り替える種牡馬が現れるだろうか。日本のダート馬のレベルアップはそこから始まりそうだ。

## ダートは新チャンピオンが生まれやすい

馬券的には、ダートの海外G1で日本馬を買う人は少ないので、このレベル差を上手く使う方法はあまりない。ただ、レベルが低いということは **「国内では、新チャンピオンが生まれやすい」** ということ。短距離路線のG1と同じ原理だ。

2020年には春にモズアスコット、秋にチュウワウィザードがチャンピオンになったが、どちらも〝好調期に勢いに乗って〟王座についた。そしてモズアスコットは春の一定期間だけの王者だった。かつて、モズアスコットと〝そっくりなこと（戦績）〟でダート転戦に成功した、メイショウボーラーという馬がいた。
こういった**「勢いのチャンピオン」**はこれからも生まれる。馬券的には、それを過信しないこと。2月にチャンピオンになったモズアスコットは、5月、ダントツの1番人気で迎えたかしわ記念で、見せ場なく6着に敗退している。

## TAROの読み解き方

日本における競走馬の育成は、基本的に日本ダービーを中心に考えられています。芝でいかにスピードを出せるか、末脚の切れ味を引き出せるか、ということが主たる目的で、**ダートはあくまでも脇役**、主要な種目ではありません。実際、数あるJRA・G1の中でダートのレースは、フェブラリーSとチャンピオンズカップの**2つだけ**です。したがって、前述した通り芝路線は世界最強である一方、**ダートでは米国勢には及ばない**のが現状です。米国競馬は基本的にダートが中心で、育成・血統もダートに偏っているので当然といえば当然でしょう。

欧州や豪州は芝、米国はダートといったように、国や地域によって同じ競馬でも目指す方向はかなり異なります。日本のダート界からも近年はホッコータルマエやゴールドドリーム、カネヒキリ、ヴァーミリアンなどのトップホースが出てきていますが、芝路線のように世界で通用しているかとなると、厳しい現状です。２０２１年はチュウワウィザードがドバイワールドカップで2着と健闘したように、時折活躍馬は出ますが、**米国勢と比べると手薄**です。

## 芝とダートの重要度は競馬場のコース設定にも現れる

文化の違いは競馬場の風景からも理解できます。**ＪＲＡの各競馬場は芝が外側**のスタンド寄りに、その内側にダートがありますが、米国の主要競馬場、例えばベルモントパークやチャーチルタウンズ競馬場などはいずれもダートが外に、芝がその内側にあります。つまり**日本と逆**なのです。そう考えれば日本競馬が芝＞ダートなのは理解できるでしょう。

もっとも、そんな米国競馬の2冠馬であるサンデーサイレンスが、日本競馬のレベルを圧倒的に引き上げたのは皮肉といえば皮肉です。グランアレグリアの母父に北米リーディングサイアーであるタピットの名前があるように、血統を考える上では**米国のダートを走れるスピードは日本でも重要**になります。

テーマ
18

# ダートのローテーションの問題

**本島修司の読み解き方**

ダートのローテーションもだいぶ整備された。だが、まだ目標となるレースが足りない気がする。特に2歳戦でダートの重賞がないのはおかしい。

これからの日本は、社台スタリオン繫養のドレフォンとマインドユアビスケッツ産駒を筆頭にダート競馬を盛り上げてくるはず。ダート1200〜1400mの路線が盛り上がってくるはずで、函館2歳S、小倉2歳S、新潟2歳S、札幌2歳Sのような、**ローカル2歳重賞のダート版**などもあってもいいと思う。

現状では、例えば函館ダート1000mの新馬を勝った馬が、2歳の間は目標となる重賞がない。仕方がないから、可能性を求めて芝の重賞、そのまま函館2歳S（芝1200m）へ出たりもする。当然、通用する馬は少ない。

## 地方馬が好走する法則

逆に、地方馬たちは**「完成度」**という武器を生かせる。馬券的には、ここが一番のポイントとなる。特に仕上がりの早い道営馬は、函館2歳Sや札幌2歳Sで、中央馬にひと泡吹かせることがある。馬券的には単純に『ラベンダー賞を着差をつけて圧勝した道営馬を函館2歳Sで』『クローバー賞を差し切りで勝ち上がった道営馬を札幌2歳Sで』見逃さないようにしたい。この2つのパターンを買うのは僕も得意だ。

モエレジーニアス（2005年・函館2歳S・1着）。ヤマノブリザード（2001年・札幌2歳S・1着）。ダブルシャープ（2017年・札幌2歳S・3着）。彼らは僕が単複を購入した馬たち。ダブルシャープは7番人気だった思い出がある。

他にもハートオブクィーンという馬もラベンダー賞を勝った道営馬で、函館2歳Sを6番人気で快勝したこともある。将来はやはりダート馬だとしても「今は目標のないローテーションの隙を突いて目標を替えてきた、意外と芝向きの道営馬」には、今後も注目したい。

## TAROの読み解き方

前項でも述べた通り、日本の競馬は基本的にダービーを中心に回っています。その成果が、世界での日本馬の活躍に繋がっているのですが、一方でダート路線の整備も重要な課題です。

かつてと比べれば、レース数も増えてきましたが、それでもまだ足りない面があるように思います。例えば若い2～3歳勢にとってダートで目標となるレースがありません。最初のダートのJRA重賞は、なんと**3歳6月のユニコーンS**。日本ダービー後にこのレースが行われるということは、極論すれば、まずは**若い馬はダービーを目指せ、芝を走れ、**ということなのでしょう。

しかし、芝路線で賞金を稼ぐことは、馬主側の視点からしたら容易ではないと考えられます。いかに賞金が高く高額レースが多いとはいえ、この路線は社台グループ、もっと端的に言えば**ノーザンファームの天下**であるからです。現実問題としてダービーを勝てるような馬ばかりではないですし、人間にも人それぞれ才能があるように、馬にも同様に向き不向きがあります。ダートで輝ける馬の活躍の場がないのは悲しいことです。

## ユニコーンSにはダートの猛者が集結

実際、世代最初のダート重賞・ユニコーンSには、ダートの素質馬が挙って集まる傾向があります。同レースの勝ち馬は２０１５年～２０２０年まで**6年連続で後にG1を制しているの**です。それだけハイレベルな争いを繰り広げているということです。

もっとも、芝とダートのレベル差は馬券に生かすことも可能です。例えば３歳未勝利戦はレベルが下がってくると、**芝からダートに矛先を向けてきた馬の活躍**が目立つようになります。これは素質のある馬が芝に集まるため、芝を使っていた馬のレベルが高いということがひとつ。もうひとつは、本来ダート向きの馬でもキャリア当初は芝を使われる傾向があるためです。

テーマ19

# コース別にある、ダート競馬の好走スポット

**本島修司**の読み解き方

ダートのコース別に「馬券の取り方が変わってくる」ケースはけっこうある。着目するファクターが違ったりもする。たとえば、**お団子型のコース形態**、函館ダート1700mや札幌ダート1700mは、そのコース形態から、**明らかに得意とする馬**がいる。そういう馬たちは、『同じ舞台を同格のレースで連勝』（ロイヤルクレスト：大沼S→マリーンS）（テイエムジンソク：大沼S→マリーンS）（リーゼントロック：大沼S→マリーンS（3

着）したり、『前年に好走したオープン特別で、再度リピートで好走』（エーシンモアオバー：マリーンＳ１着↓中止↓１着）する。

重賞のエルムＳまで行くと、重賞クラスの馬が出てくるので話は変わってくる。『適性』だけでの突破が難しくなる舞台に切り替わる。

## 東京ダートは血統で考える

逆に、東京ダートなどの舞台になると、どうか。僕はここでは、個別の適性ではなく、**血統的な適性を重視**している。**シンボリクリスエス産駒**のダート馬は東京コースが得意な馬が多い。少し前だと、マチカネニホンバレ。今はその全弟のサトノティターン。他にもサンライズソア。彼らは「東京ダート、オープン特別〜Ｇ２」でだけ待って、単複を買っている。

僕自身の個人的なコアバリューとして、『新しい・古い』でモノゴトを判断しないという点がある。『新しいか、古いか』よりも『その新しいものに普遍性があるか』『あの古いものに普遍性はあったか』という視点で見る。重要視しているのは『**普遍性**』だ。そのため、あえて、古い例と新しい例をミックスして説明をしていく。10年前のことも、1日前のことも、偶発的に起きた「いらない事例」であればいらないし、必然的に起きた「必要な事例」であれば、いつまでも持ち続けたい。

## TAROの読み解き方

日本競馬におけるダート路線は、実は芝以上に個性的です。2レース施行されるJRAのダートG1を例に考えてみます。

1つめは**フェブラリーS**、東京ダート1600mが舞台です。2つめは、**チャンピオンズカップ**。こちらは中京ダート1800mが舞台です。同じダート戦で200m距離が異なるだけですが、**求められる適性はまるで異なる**のです。実際、比較的上位が固定し長きに渡り活躍することが多いダート路線ですが、両レースで安定して好走できる馬は多くありません。

中央地方で多くのG1レースを制したコパノリッキーは、フェブラリーS連覇を果たしましたが、チャンピオンズCでは1番人気で2度惨敗を喫するなど、不発が目立ちました。同じくフェブラリーSで連続好走したベストウォーリアも、チャンピオンズCでは凡走、キャリア後半では出走すらしませんでした。

## 東京ダート1600mは特殊な条件

特にダートでの適性を考える上で、東京ダート1600mというのはキーポイントです。なぜか？　G1が行われるにも関わらず、この舞台は相当な特殊条件だからです。どこが特殊なのかといえば、端的に申し上げると、**JRAにおけるダートの1600mは東京にしか存在しない**ためです。しかも、コース形態は芝スタートで直線が長い。ダート競馬では基本的に先行して踏ん張るタイプが有利になりますが、前項でお話ししたハイレベル戦のユニコーンSやフェブラリーSは東京ダート1600mで行われるため、ダートの王道である**先行して踏ん張る競馬が通用しづらい**わけです。

ダートのG1を多数勝ち、今は種牡馬としても活躍するホッコータルマエですら、フェブラリーSは勝てなかった。これも**適性の違い**を端的に示しています。逆にカフェファラオのように東京ダート1600mだと圧倒的に強い馬もいます。この違いはアタマに入れておく必要があります。

テーマ 20

# ダートの着差をどう見るか

**本島修司の読み解き方**

わかりやすい話だが、**ダート競馬の方が「着差がつきやすい」**。着差を鵜呑みにできない。

最近では、アメリカンファラオ産駒のカフェファラオが、デビューから3連勝した直後にジャパンダートダービーで、１・１倍を背負って7着に大敗。ダートというのは、能力のある馬が、適性のある舞台で噛み合った走りをすれば、着差は勝手に開くものだ。

その着差は単純な能力の違いではない。しかし、単純な能力の違いのように**「見えてし**

**まう」**。ここで錯覚を起こしてはいけない。

なぜチギれたのか。それは適性がある舞台で、しかもダート馬だからチギりやすかったということに尽きる。カフェファラオで言うと、東京マイルで強いエンパイアメーカー系の馬が、新馬戦はともかく、東京マイルで2連勝なのだ。

では、そこと相反する舞台とはどこか。**小回りの地方交流重賞**だ。それこそが、1・1倍で飛んだジャパンダートダービーだったのだ。

## 大差勝ちを過信すると危険

昔、スシトレインという馬がいた。2003年、デビューから2連勝。調教師と馬主がエルコンドルパサーのコンビで、話題になった。エルコンドルパサーの再来とまで言われた。しかし、デピュティミニスター産駒だった。僕としてはエルコンドルパサーより「モロにダート馬っぽいな」という印象。早々と海外遠征の話も出てくる中で、陣営は3戦目に〝アンパイ〟とも思えたダートのオープン特別を用意。ヒヤシンスSを選択した。しかし、スシトレインはここで、違う意味で衝撃的な競馬をした。単勝1・3倍でビリ。

今なら、レース後に〝ケガしたふり〟や〝調子悪かったふり〟でもしそうだ。もしくは〝なかったこと〟にでもしそうな休養に入りそうだが、その後も普通にレースに出てきた。結局は、3戦して未勝利という馬だった。ダートの大差勝ちは、いつの時代も注意が必要だ。

## TAROの読み解き方

まず基本的な傾向として、ダートは芝よりも着差がつきやすい傾向があります。例えば2021年上半期を見ても、2着に1・0秒差以上つけて勝利した馬は、芝では9頭しかいませんが、ダートでは46頭と**5倍以上**。日常茶飯事とまではいいませんが、ダートは比較的圧勝が発生しやすいのです。

なぜ圧勝が発生しやすいのか、ひとつは芝よりもスタミナを問われるためでしょう。基本的に**スタミナ戦はバテてしまう馬が発生し着差がつきやすい**傾向があります。したがって芝でも重不良になると大きな着差がつきがちなのです。少々極端な例ですが、極悪の不良馬場で行われた2020年の中山グランドジャンプは、勝ったオジュウチョウサンから3馬身遅れの2着にメイショウダッサイ、以下の2～4着まではいずれも大差でした。

## ダート馬は性格を見極めることも重要

また、芝以上にキックバックによる**戦意喪失が発生しやすい**のも大きな着差がつきやすい要因でしょう。ダートは芝以上に**気分よく走れるかどうかが重要**になるので、とりわけダートの主流である米国血統などは気分よく走れると圧勝がある反面、**揉まれると一転して惨敗**というシーンも珍しくありません。近例でいえば、3戦3勝で挑んだ2020年のジャパンダートダービーで単勝1・1倍の人気を集めながらも7着に敗れたカフェファラオは、**いかにも米国血統**らしい負け方でした。プロ野球でもメジャーリーグ出身の助っ人は割と気分屋で、実力があってもすぐに帰ってしまうようなことがかつてしばしば見られましたが、同様の傾向が競馬にもおこります。

ちなみに面白いデータがあります。2021年上半期、前走ダートで1秒差以上つけて圧勝してきた馬が次走どうだったか。実はこれらの馬が1～3枠に入ると**（2－2－1－18）と驚くほど期待値が低い**のです。ちなみに好走馬はすべて3番人気以内で、逆に1番人気での馬券圏外が3度もありました。**ダートの圧勝、次走内枠で過信するべからず、**ということなのです。

テーマ 21

# 注目のダート種牡馬はこれだ

## 本島修司の読み解き方

社台スタリオンステーションに繋養されている**ドレフォン**と**マインドユアビスケッツ**。日本の短距離ダートはこの2頭の産駒が席巻しそうだ。

ストームキャット系なので、ドレフォンの方が仕上がりも早く、早熟気味に出るかもしれない。

デピュティミニスター系のマインドユアビスケッツの方がパワータイプに出そうな気が

する。かつて、デピュティミニスター産駒として走ったシルクビッグタイム、それから90年代後半にアブクマポーロやキョウトシチーと戦っていたトーヨーシアトル。マインドユアビスケッツ産駒もこういうイメージでいいと思う。

２０２１年は、年始から地方馬のカジノフォンテンがフリオーソ・インテリパワーまで遡る「地方馬による川崎記念制覇」で盛り上がった。だが、社台スタリオンステーションには米年度代表馬ブリックスアンドモルタルもいる。ニューイヤーズデイもいる。これからは、**社台・ノーザン系のダートの層が厚い時代**となる。

## 代表的なダート種牡馬2頭の狙い方

さて、最近の馬券で、すでに産駒が活躍中の2頭のダート種牡馬を上手く活用しているのでその話をしたい。1頭目は**ヘニーヒューズ**。この種牡馬の仔は、ダート馬に絞り、好調期間に狙うのがポイント。**「前走・連対」**というのが〝とてもアテになる〟種牡馬だ。実績があるクラスでの前走・連対に注目。不調期間は巻き返しにくい。

もう1頭は**サウスヴィグラス**。産駒は残り少ないが、まだまだ活躍中。こちらが『実はクラスに壁がある』のが特徴で、重賞でもうワンパンチにかける**『オープン特別専用機』が多い**のが特徴。「オープン特別まで」の馬が多数。しかし気性の安定感が素晴らしい。G3になるとコケる。「オープン特別なら、何度も堅実に駆ける。リピーターによる好走も多い。スマートアヴァロンは、それを体現している最高の1頭だった。**「好走したことがあるレースでもう一度」**がいい種牡馬だ。

## TAROの読み解き方

血統の項目で「ホッコータルマエ産駒には非常に興味を持っています」と書いた通り、現状のダートで最も注目しているのは、**ホッコータルマエ**です。産駒はほぼダート一辺倒ですが、父の現役時代を彷彿とさせるような立ち回りの上手さ、そしてしぶとさのある馬が目立ちます。ＪＲＡのみならず地方でも今後活躍馬を多く出しそうですし、サウスヴィグラスのような中央地方問わない**万能型のダート種牡馬**として大いに期待できるでしょう。

個人的な好みということでいえば、**シニスターミニスター産駒**です。同産駒は日本向きのスピードと切れ味があり、上級馬は安定した走りを見せてくれます。記憶に新しいところでは、２０２１年の帝王賞を制したテーオーケインズでしょうか。同馬は非常にシニスターミニスターらしさが出た馬で、ダート馬としては**器用で、馬群を苦にしない**のも強みです。交流重賞でも活躍したキングズガード、ヤマニンアンプリメなども、差し馬ながら常に安定して走れていましたし、馬群を捌いて伸びて来ることもしばしばありました。

あとは**マジェスティックウォリアー**。外国産馬としてベストウォーリアの活躍が印象深いですが、同馬のイメージ以上に距離をこなせるタイプが多く、特に**ダートの中長距離では特注の種牡馬**です。先行タイプが多く、器用な馬が多いのも強みでしょう。

## ロードカナロア産駒はダートの時計勝負で狙う

芝ダート兼用型としては**ロードカナロア産駒**にも注目。大物候補は少ないですが、イメージ通りスピードのある産駒が多く、ダートでは**脚抜きの良い馬場**で強さを発揮する傾向があります。

ダートは芝以上に立ち回りの上手さを問われるので、どんなに能力が高くても砂を被るとからっきし……というタイプは信頼度が下がります。上記の馬たちは**比較的安定感があるる**ので、馬券を買う上でも狙いやすいのです。

テーマ 22

# 稍重・重馬場・不良馬場、その違いをどう見るか

## 本島修司の読み解き方

先日、友人とエビフライを食べた時のこと。隣に座ったその友人は、レモンをビュッと上手にスマートにかけた。不器用な僕は、レモンをベチャッとかけすぎてしまった。結果、衣が、衣だかなんだかわからないものになってしまった。

## 馬場が極端に悪化すると真の実力が試される

しかしこれが美味しかった。なぜだろうと思った。そのエビフライは上質な天然エビで、エビ自体が美味しかったからだった。衣がコロモだかなんだかわからないものになったら、芯の部分がホンモノかどうか問われる。

ダートが、雨で少し締めると、走りやすい。よくある例えだが**海岸の浜辺**を想起するとわかりやすい。あの感じになる。これまたよく言われている話だが、日本のダートは『土』ではなく**『砂』**に近い。つまり、湿ると走りやすくなる。当然タイムも速くなる。そうなると、適性が問われる。ストームキャット系のような高速ダートを得意とする**〝飛ばし屋〟のような先行・スピードタイプが有利**になる。

しかしこれが、重馬場〜そして不良馬場へと変わっていった場合、どうなるか。水たまりが浮いているほどの状態になる。ここまでいくと『ドロ』という表現が似合ってくる。そんな時は、何を問われるか。

もちろん「適性」もあるが、僕は**「真の強さ」**だと見る。

これは芝のレースでも同じこと。タイキシャトルの、安田記念。ディープインパクトの、宝塚記念。オルフェーヴルの、日本ダービー。**真の強い馬は、重い馬場でも、なお強い。**

これをひとつの軸にしてみてほしい。すると、「強い」と評判の若駒の中から、将来、きちんと王者になれる馬を見つけることができる。

クリソベリルは王者になる前、稍重や重という発表以上に悪い馬場で、格が上がるほど2着以下との着差を広げていた馬だった。衣よりエビ。適性より性能。〝ベチャベチャ〟である場合、そういうことが、往々にしてある。

## TAROの読み解き方

ダートの馬場状態に関しては以前から大きな誤解があるように思います。それは、**「湿ったダートは前が止まらない」**という誤解です。解説などでもよく聞かれることなのですが、基本的には誤りです。ケースバイケースとはいえ、総じて、馬場が悪化すると差し馬の台頭や外枠勢の台頭が目立ち、逃げ馬の期待値は下がるのです。もっとも、水の浮くような不良馬場まで悪化すると前が止まらないケースも出てくるのですが、少なくとも雨が降ってダートが軽くなると、有利になるのは**逃げ馬よりも差し馬、内枠よりも外枠、**ということは頭に入れておきたいです。

特に傾向が顕著なのが**東京ダート**です。2021年だとフェブラリーSの週は晴れ良馬場で、インが良く、逃げ先行馬の活躍が目立ちました。私が付けている馬場メモでも、当時はイン有利と記録しています。一方でオークス週は雨の影響が残る稍重で、外が優勢、差しが届く馬場でした。2021年上半期の東京ダートを見ても、良馬場だと逃げ馬の複勝率が47・7％もありますが、**不良馬場だと同25・4％**まで下がります。東京ダートを買う際は是非参考にしてみてください。

## 各レースをチェックしてダートの馬場傾向を探る

なお、ダートの馬場を考える上でもう一つ大事なポイントは**「見た目ではわからない」**ということです。芝の場合は、馬場が荒れて来ると明らかに色が変わりますし、芝の塊が飛び散るシーンも多く見られるようになります。

しかし、ダートの場合は水が浮いている様子などはわかりますが、伸びどころを見た目で確認するのは至難です。したがって、**各レースをチェックして馬場傾向を把握**する必要があります。もっとも傾向がわかれば気づかれにくいという優位性もあるので、明らかにインが有利、あるいは外が有利などの傾向が見られる場合は、積極的に狙って行くべきです。

# 第4章

# 春G1レース
# 互いの視点、全見解！

テーマ 23

# 『フェブラリーS』格言&ポイント

本島修司の読み解き方

## 格言：明け4歳世代のトップホースが成長した姿に注目！

明け4歳になる世代のトップホース。東京のダート巧者。この2者が大きく幅を利かす舞台だ。ダート馬は、芝馬と違い、3歳の春にクラシックがない。そのぶん、消耗していない。本領発揮は3歳の秋あたりからだ。ということは、3歳の秋〜4歳の春あたりは、馬のアスリートとしては時節としては、ピーク中のピーク、ということになる。**『ダートは芝よりも経験値』**が重要だ。そのぶん、3歳馬がチャンピオンズC（旧・ジャパンカップダート）で、通用しないことが、ままある。二桁着順だとさすがに「ん？」と思うが、それでさえも、世代トップホースで、かつ、東京ダートのマイル戦に適性があれば、明け4歳で向かえるフェブラリーSは注目していい。**3歳で挑んだチャンピオンズCを6～8着**くらいにまとめられていればかなり良い。

## 明け4歳を狙う基準とは？

では、世代のトップホース、要するに世代1番馬とは、どのあたりを基準に見極めればいいか。これはわかりやすく、**ユニコーンSかジャパンダートダービー馬**だ。もしくはレパードS馬。ユニコーンSかジャパンダートダービー馬がチャンピオンズCに出た経験があって、得意の東京マイルに戻ってきたら、期待が膨らむ。

4歳ゴールドアリュール。4歳ノンコノユメ（2着）。4歳ゴールドドリーム（1着）。

4歳サクセスブロッケン（1着）。こういうイメージ。他では、5～6歳でも、単純に日本総大将といえる馬は無条件で強い。その他では、東京ダート得意で勢いがついているような馬が強く、それは直前に**「根岸Sをぶっちぎった馬」**。これが伏兵となる。モズアスコットト（1着）。メイショウボーラー（1着）。こういうイメージ。アタマ差勝ちだったレッドルゼルではちょっと荷が重かった。

## TAROの読み解き方

### 格言：東京ダート1600m実績馬を狙え

フェブラリーSは、かなり特殊な条件下でのレースとなります。どう特殊なのか？　そこを読み解くことが、フェブラリーSを攻略するポイントになります。

その答えは、東京ダート1600mという舞台設定にあります。前章でも少し触れましたが、この東京ダート1600m、意外なことに中央競馬唯一のダートのマイルなのです。しかも、芝からスタートするというダート王決定戦らしからぬ舞台です。ただでさえスピードを問われる東京ダートで、さらに芝からスタートする。つまり、フェブラリーSは**「スピードと切れ味を要求されるG1」**なのです。

その象徴が2020年のフェブラリーSでしょう。このレースを制したのは1番人気のモズアスコット。同馬はダートを使われるのがこのときでたったの2度目でした。もともと芝路線を使われて安田記念を制した馬が、ようやく前走の根岸Sで初めてダートを使われ勝利。勢いそのままにフェブラリーSへと駒を進め、見事勝利を飾ったのです。モズアスコットはその後、かしわ記念で人気を裏切るなど、結局勝ち星を挙げることはできませんでした。ダート最強馬というよりは、**〝フェブラリーS最強馬〟**だったということです。

## 東京ダート1600mならではの穴馬とは？

２０２１年に9番人気ながら2着と好走したエアスピネルも、もともと芝路線で活躍した馬で、ダートを初めて使われたのは7歳になってから。ダートの割にはスピードや決め手を問われるため、**芝実績馬の好走があるレース**なのです。

したがって、同コースの**ユニコーンSや武蔵野S実績馬には要注意。**前述のエアスピネルも武蔵野Sで穴好走した実績がありましたし、ノンコノユメやサンライズノヴァ、ベストウォーリアといった馬たちは、ハイレベルな**ユニコーンSでの好走歴**がありました。

東京ダート１６００ｍの穴馬は、東京ダート１６００ｍ実績馬から、と考えるのがポイントです。

テーマ24

# 『高松宮記念』格言＆ポイント

## 本島修司の読み解き方

### 格言：王者に喰らいつけるのは、シルクロードS圧勝の新星！

シヴァージ。ファインニードル。ドリームバレンチノ。ファイングレイン。ストレイトガール。ロードカナロア。プレシャスカフェ。アドマイヤコジーン。

シヴァージの回避は残念だった。勢いがついていて、出ていれば勝ち負けだった。事例の時系列がバラバラだ。だが関係ない。新しいとか古いとか。その概念では競馬は勝てない。「最新の例」では勝てない。事例を噛み砕いて身に着けた**「最新の自分」**であることだけが、競馬に勝つ方法だ。挙げた例は、すべてシルクロードSを圧勝して現れた新星。これが高松宮記念では強い。あえてダメだったプレシャスカフェという例も挙げているが、出遅れが炸裂しての3着で、それがなければもっと普通に上位に来ていた馬だ。

## 王者は叩き良化で狙う

プレシャスカフェのレースVTRは逆の意味で必見。他では王者（女王含む）が、ひとつ叩いて能力全開、というパターンもある。スプリンターズSを勝ち負けして、そこから休養明けの直行などもいい。これらは信頼できる。ロードカナロアの2回目の高松宮記念は、阪急杯1着→本番1着。カレンチャンはオーシャンS・4着→本番1着。スリープレスナイトはスプリンターズS・1着→休養→高松宮記念・2着。こちらは新ローテになるだろう。香港スプリントからのぶっつけの王者もいい。レッドファルクスもこのパターンで高松宮記念で3着に入った。ただし、**「王者かどうか」がキモ**であって、このローテかどうかがキモではない。他では1600m→1400m→1200mと距離を詰めてきたマイルのG1馬も強い。僕も2021年に単複を買ったレシステンシア（2着）、あとはミッキーアイル、古い例だとアドマイヤコジーン（2着）。こういうイメージ。

## TARO の読み解き方

## 格言：中京の馬場状態を掴め

現在の中京コースに改装されたのが2012年。2021年までに10回の高松宮記念が行われたことになります。

さて、この舞台の大きなポイントは**馬場状態と枠順**です。内が伸びるか外が伸びるか、一瞬で終わるスプリント戦だけに、**馬場状態の読み、伸びどころを掴むことが大事**になります。

ミスターメロディが勝ち、2～3着には2ケタ人気馬が突っ込んで3連単は449万という大波乱になった2019年は内有利な馬場状態。上位3頭の馬番は3→4→7。1番人気を裏切ったダノンスマッシュは13番枠。2018年の上位馬の馬番は9→8→7。2017年は6→3→7。2016年は4→6→8。2013年は11→12→13。

## 中京芝1200mは近くの枠の馬が揃って好走する

一目瞭然、**近くの枠の馬がまとめて上位を賑わす傾向**があります。直近の2021年は14→16→9と近年とは異なる外有利の決着でしたが、やはり上位馬は偏っていました。なお16番人気で4着したトゥラヴェスーラは13番枠。中京芝1200mは馬場状態によって極端な傾向が出やすく、特に高松宮記念はG1ながらもその傾向が顕著に出るというわけです。

もともと中京芝1200mは外枠が有利なコースでした。以下のデータは同舞台における1枠と8枠の馬の成績です。

2012年1枠　複勝率18・4%　複勝回収率47%
2012年8枠　複勝率33・9%　複勝回収率125%
2020年1枠　複勝率30・3%　複勝回収率82%
2020年8枠　複勝率11・5%　複勝回収率39%

ご覧の通り、改装当初の2012年は8枠の馬を買っていればプラス収支になったほどで、外先行&外差しがビシバシ決まったものです。しかし、その後傾向が変化。近年はむしろ内枠有利へと変貌を遂げつつあり、2020年は当初とは**真逆の傾向**になっています。

もっとも、誤解してはいけないのは、だから今は内枠を狙えというわけではありません。

というよりも、**中京芝1200mは馬場次第でこれほど傾向がガラリと変わる**＝傾向を掴むことが大事である、ということです。

テーマ
25

# 『大阪杯』格言&ポイント

**本島修司**の読み解き方

## 格言：王道型の4歳馬が、G1に昇格した大阪杯の歴史をつくる！

3歳の春からG1を勝ち負けしていた明け4歳馬が強い。シンプルだ。そしてそれが当然の定理でもある。2020年で言うと、5歳のラッキーライラックは馬群を縫う強襲で勝ち星をさらっていったが、2着は明け4歳となった秋華賞馬クロノジェネシス。3着は明け4歳となったダービー2着馬のダノンキングリーだった。大阪杯の馬券を10年で10回買うとしたら、こういうタイプに目をつけたい。必然的な好走を繰り返すのは、彼ら・彼女らの方だ。クロノジェネシスはここからまる一年、4歳の間は簡単には崩れない。ずっと買えばよかったわけだ。僕はそうした。こうして**4歳で完成されるのが『日本競馬の本流』**だ。

## 競走馬のピークを見極めろ

他では、**3歳の春からG1を勝ち負けしていた明け5歳馬を深追いしないこと。**202 1年で言うとグランアレグリア。5歳馬や6歳馬を買う場合は、秋華賞・菊花賞以降にG1を勝ち負けし出した、『晩成型』の馬を買うこと。競馬は「今、何歳か」では決まらない。**「何歳から一線級と走ってきたか」**で、決まる。一流オープン馬のアスリートとしてのピークは、ピークに入ってから（G1初めての連対から）、まる1年か、まる2年で終わることが多い。例外はステイゴールド系とハーツクライ系、あとは、根がマイラーの馬、牝馬。2019

年は、アルアインが5歳シーズン一発だけのだけのマグレがここで炸裂して勝ってしまった。しかし、2着は晩成型5歳馬のキセキ。3着は4歳ダービー馬のワグネリアン。この年も、2着馬と、3着馬こそ、何回やってもちゃんと来る必然の好走馬。大阪杯は内回りコースで行われることも重要。直線が短い。キタサンブラックなども相性が良かったように、前と内が有利。この点には注意だ。

## TAROの読み解き方

### 格言：ダービー馬より皐月賞馬を狙え！

大阪杯がG1に昇格して5年が経ちます。2ケタ人気馬の激走こそ見られませんが、2019年には9番人気のアルアインが勝利した一方、2021年は極悪馬場の影響もあったのか3冠馬コントレイルが伸びあぐね3着に敗れています。

当レースを読み解くポイントは、**阪神芝2000m**という舞台設定でしょう。国内の中長距離G1の多くは東京芝2400mをはじめとする直線の長いコースで行われますが、大阪杯は直線の短い内回りコース。したがって、**東京芝2400mとは異なる適性**が問われるのです。

## 機動力のあるパワーを兼ね備えた馬を狙え

大阪杯で2度好走しているアルアインは皐月賞馬。2018年に6番人気で2着したペルシアンナイトは2017年の皐月賞2着馬。2017年に7番人気で2着したステファノスは、2014年の皐月賞で15番人気ながら5着と好走していました。また2020年4番人気2着のクロノジェネシスは、東京芝2400mのオークスでは3着止まり、初のG1勝利は京都内回りの秋華賞。一方ダービー馬はワグネリアンやコントレイルの3着こそありますが、2017年にはマカヒキが2番人気で4着など、総じて人気を下回っています。

つまり、大阪杯は東京芝２４００ｍで問われるようなキレ味よりは、**皐月賞で問われるような先行して踏ん張る力、パワーが重要なレース**。今後も内回り戦に適性のある馬を狙うのがポイントになります。特に東京芝２４００ｍのＧ１を差して好走したような馬は人気になりやすいので、これらを軽視し、多少実績で劣っていても**内回り実績馬**を狙いたいです。

したがって、例えば２０２２年の大阪杯にシャフリヤールが出走して来ても、多少疑ってみたいものです。それよりは、東京２４００ｍではキレ味不足、スタミナ不足を露呈した**牝馬ソダシの方が、大阪杯への適性は高い**とみていますが、果たして——？

テーマ26

# 『桜花賞』格言＆ポイント

本島修司の読み解き方

## 格言：各トライアルのレベル差と「そこを勝ってきた意味」が勝負を決める！

阪神ＪＦで3着以内の馬が、成長してくれれば有利。それ以外では春先にステップレース圧勝馬に注目。ローテが多様化している。チューリップ賞馬。これが一番ハイレベルな前哨戦。2～3着馬も本番で恐い。フラワーC馬。これが次にレベルが高い。１８００ｍで中距離からのステップになるのがいい。クイーンC馬。これも好ローテのひとつ。フィリーズレビュー馬。１４００ｍのＴＲは本番では厳しい。アネモネS馬。最もレベルの低い前哨戦で本番では厳しい。ここまでが昭和〜平成のローテ。では、**『令和・使い分け正当化時代』**のローテーションはどうか。シンザン記念馬の直行。斬新だ。悪くない。アーモンドアイが成功。サンクテュエールは失敗。**「G3で牡馬に勝利」**した馬が弱いということはない。今後も桜花賞馬が出そう。フェアリーS馬の直行。さらに斬新。これはダメ。牝馬G3を勝っただけで、現代競馬に蔓延中の**〝慢性的経験値不足〟**が発生しやすい。もう一走挟まないと。プリモシーンがドボン、フィリアプーラもドボン。これからも軽視のローテになりそう。ファインルージュ（２０２１年・３着）くらいぶっちぎってこないと厳しい。このあたり、全て天栄系の馬か。エルフィンS馬の直行。これは昔からあった。デアリングタクトだけでなく、レッドディザイアの本番2着もあったし、マルセリーナも成功したローテ。ただ、サンシャイン、トーセンソレイユ、アクアミラビリス等が負けた。よほど強くないと、このローテーションが有利に働く〝道理〟がない。

### 今後の主力ローテは？

最後に。阪神ＪＦ（ｏｒ朝日杯ＦＳ）からの直行。グランアレグリアの印象が強い。だが、かつてスティンガーがドボン。しかし、マヤノメイビー（１９９９年・３着→２着）が成功。グランアレグリアは、マヤノメイビーと同じことをしただけ。２０２１年は、ソダシが当然の快勝。サトノレイナス（２着）も好走。これは、**これから主流になるローテ**だ。

## TARO の読み解き方

### 格言：桜花賞は一番強い馬が勝つ

アーモンドアイ、グランアレグリア、デアリングタクト……近年の桜花賞は、その後歴史的名馬級へと駆け上がるトップホースが次々と出現しています。ちなみに、これらの馬の共通点はおわかりでしょうか？

実は、**3頭とも桜花賞では2番人気**だったということです。

それぞれの年に1番人気だったのは、ラッキーライラック、ダノンファンタジー、レシステンシアですから、決して弱かったというわけではありません。ただ、スピードと早熟性を問われるのが阪神ＪＦ～チューリップ賞までだとしたら、**桜花賞は末脚や総合力を問われるレース**、つまり一番強い馬が勝つといっても過言ではないわけです。強い馬がわかれば苦労しないというのはその通りですが、桜花賞を考える上では頭に入れておきたい傾向です。

## 10年前のローテはもう通用しない!?

近年の特徴的な傾向として、**〝直行ローテの増加〟**があります。前述した3頭も、アーモンドアイはシンザン記念以来、グランアレグリアは年明け初戦、デアリングタクトはエルフィンS以来でした。対して、1番人気を集めた前述3頭はすべてチューリップ賞経由。かつて王道ローテだったチューリップ賞は、むしろ今は主流でなくなりつつあるのかもしれません。ちなみに、**2021年はついに年明け初戦の馬がワンツー**、3着馬はフェアリーS以来。4～6着馬はクイーンC組で、7着ストゥーティがチューリップ賞組の最先着でした。

もしこれが10年前なら、**「チューリップ賞組を狙え」**が桜花賞の格言として成り立ったと思いますが、**今はすっかり様変わりした**のがおわかりでしょう。競馬はレース形態や求められる能力も時代とともに変わっていきます。その象徴的なレースこそが、桜花賞なのかもしれません。

来年以降も、直近の実績に問わられず、将来性が最も高いと思う馬を先物買いする意識で狙いたいレースです。

テーマ 27

# 『皐月賞』格言&ポイント

**本島修司** の読み解き方

## 格言:様々なファクターから「皐月賞の予行練習」が済んでいる馬に注目!

予行練習と中山適性。これを念頭に置くG1。**『中山に合う血統』**と**『中山に合う脚質』**の馬をマーク。『急坂が苦手な血統・ディープインパクト産駒が、今回が初めての中山』などが大ピンチ。サトノダイヤモンドが、「きさらぎ賞から」で3着に落とした。この時に、前にいた2着のマカヒキは同じディープインパクト産駒ながら弥生賞馬。1着馬、ディーマジェスティも未勝利時代に中山出走経験があった。ローテーションは何より大事。ローテとは、ただ**「理に適っていて、理屈上不利」**でさえなければいい。皐月賞は、弥生賞馬が有利。近年は本番で勝ち馬が出ないが、データなんか知らない。同じ舞台なのだ。理屈上、有利なものは有利。本番での2～3着馬ならたくさんいる。ヴィクトワールピサのように弥生賞・本番と連勝する馬も、また出る。そう書いている間に2021年はタイトルホルダーが2着に好走。

## 弥生賞以外はどうか？

次にスプリングSの勝ち馬が有利。本番に近いことを中山で試走できるからだ。朝日杯FS馬の本番直行はどうか。これは1着馬でないと厳しそう。2020年、サリオス（2着）のパターンだ。「皐月賞の激流＝朝日杯FSマイルG1の激流」と見立てれば、悪くはないか。王者・ホープフルS馬の本番直行は、わりと有利。他では、王道ローテの共同通信杯馬の直行が有力。イスラボニータ。ダノンキングリー（3着）。2021年、僕はエフフォーリアの単複を買った。若葉S馬は基本的にレベルが低く、一枚落ちるが、2019年に僕はヴェロックス（僅差の2着）の単複を買っている。過去の例でワールドエース（本番2着）と双璧とnoteのコラムに書いた。5年に一回くらい、後続をチギる若葉S馬がいるので注目。すみれS馬はやや厳しい。きさらぎ賞馬の直行は一番厳しい。**『王道のステップで一番強かった馬』**が主役で、先行して後続を突き放すような**『皐月賞という舞台の〝予行練習〟』**が済んでいる馬が伏兵だ。

## TAROの読み解き方

### 格言：令和の皐月賞はスピード重視

日本競馬の主流は、直線の長いコース。道中はゆったりと運び、直線でキレ味を競う……ダービーなど多くのレースではこういった能力を問われるため、日本競馬の主流血統であるディープインパクト産駒が活躍しやすい土壌ができています。

一方、大阪杯の項目でも話した通り、非キレ味型の内回り戦は、いわば日本競馬の中では**反主流の舞台。**皐月賞もやはり反主流のコースで、だからこそ皐月賞と大阪杯はリンクするし、他の主流路線とは異なる能力を問われるのです。したがって、**皐月賞は比較的よく荒れる傾向**があります。2017年には100万超の馬券が飛び出しているし、翌2018年にも3連単は37万円。2017年は1番人気のディープインパクト産駒ファンディーナが人気を裏切り、2018年も同産駒のワグネリアン・キタノコマンドールといった面々が人気を裏切り波乱を演出しました。

## 短い距離のスピード競馬を経験した馬が強い

とりわけ最近は2歳～3歳限定のオープンレースが増えたことと、直行ローテが主流になったことでクラシックに至るまでの少頭数化が顕著。皐月賞のような持続力を問われる多頭数の舞台へ向けてのトレーニングを積む機会が少なくなっています。ワグネリアンは皐月賞まで10頭立て以下のレース経験しかなく、しかも大半がスローペースでした。直線のキレ味を問われるダービーならばそれでも良いですが、**皐月賞では流れに対応できない**わけです。

弥生賞組が近年不振傾向で、同レースで先行した馬しか来なくなっているのもそのためで、**マイルや1800mでのスピード競馬の経験**が皐月賞の舞台では生きてきます。2021年8番人気3着のステラヴェローチェはマイル重賞勝ち馬、2017年の大波乱も、2000m初出走馬のワンツーフィニッシュでした。マイル〜1800m実績を重視、スローになりがちな**弥生賞で差す競馬をしている人気馬、スローの経験しかない中距離型の差し馬を危険視**するレースです。

テーマ28

# 『天皇賞（春）』格言＆ポイント

## 本島修司の読み解き方

### 格言：菊花賞実績の大切さに徹するマラソンレース！

ここでも、使い分け。ローテが多様化している。多様化という言葉をオブラートにし、メチャクチャになってもいる。冷静と情熱と多様化とメチャクチャの間で「最善は何か」を見つけよう。基本的には、**「元・菊花賞1着馬か2着馬」**が必ず絡んでくる。当然、2

021年は、ワールドプレミアの単複を買った。ローテで見る場合は、王道の阪神大賞典馬、日経賞馬、大阪杯馬。その中から選ぶのがいい。特にその中から**『菊花賞2~7着くらいだった馬』**が有利。他では、斬新なところでは「AJCCから」はOK。「京都記念から」もOK。芝中距離G2をきちんとステップにして、天皇賞春でダメな道理はどこにもない。

## 過去のデータよりも未来のデータを考える

京都記念からの好走例なんかほとんどない？　なら、これから出るはず。単純データに意味はない。そうなる理由があるデータに意味がある。「過去10年のデータでこうなっている」というのをやめて、**「次の10年はこうなる」**という見方が必要。今はデータ上不利でもいいのだ。確証が、そう、エビデンスがひとつあればいい。「過去30年間でそんな前例はサクラローレル1頭しかいない、データ上不利な人気馬だ」と言われたフィエールマンは、2020年の天皇賞春を、サクラローレルと同じ「有馬記念から直行」で勝っている。不利になる道理がないローテだからだ。サクラローレルなんていつの話をしているんだ？　と嘯く若者は、２０２０年の天皇賞春を勝てなかっただろう。そして未来の天皇賞春も勝てない。プロセスをすっ飛ばし、ただ結果だけへ辿り着こうとする者は、自分の血肉となるやり方を身に付けてはいない。今の時代に溢れる〝便利追及〟だけが好きな者たちは、今日も「これが最新」と言うだろう。安っぽい最新の神様が、今日も、人々の慧眼を濁らせる。競馬とは、ただ、同じことを繰り返しているだけだ。フィエールマンは、サクラローレルと同じことをしただけだ。

## TAROの読み解き方

### 格言：菊花賞＆天皇賞（春）実績を信じるべし

近年の天皇賞（春）でもっとも象徴的なレースは２０１２年ではないでしょうか？　オ

ルフェーヴルが断然人気で出走も、結果は1枠1番ビートブラックの押し切り勝ち。途中から先頭に立ち後続を4馬身突き放す完勝劇で、単勝万馬券の大波乱でした。近年と言ってももう9年前というのには少々驚きではありますが……。

というわけで、基本的には**立ち回りが生きる&内枠有利**が最近の天皇賞（春）の正解。2年連続で2ケタ人気激走を果たしたカレンミロティックも2015年は1枠2番、2016年は2枠3番と枠順に恵まれた結果でした。阪神開催となる今後は傾向が変わる可能性もありますが、2021年はやはりインが有利でした。

## 特殊な適性が問われるときのセオリーとは？

もっとも、難しいことを考えるよりも、天皇賞（春）は**過去の同レース好走馬**と、**菊花賞好走馬**を買えば良いのかもしれません。過去10年の勝ち馬はフェノーメノの連覇と、あとはすべて菊花賞好走馬。あの大波乱の立役者だったビートブラックですら、菊花賞でも3着と好走していましたし、現代競馬では軽視されがちな長距離レースだからこそ、特殊な適性を問われる、**特殊な適性を問われるということはコース実績がモノを言う**……これはフェブラリーSの項目でも述べた通りで、ある種普遍的な法則なわけです。

競馬予想ってのは奥が深くて、奥が深いからこそ小難しい理屈を並べれば当たるかといえばそうではなくて、単純に内枠を買うとか、前に行く馬を買うとかの方が当たったりすることも多々あるわけです。そういう点で天皇賞（春）に関しては、**単純に過去の好走馬と菊花賞実績馬**を買えば良いのです。

距離短縮論争の絶えないレースではありますが、個人的には日本の誇るスタミナレースを今後も継続してほしいですし、そのことが日本競馬の底堅い強化に繋がるものと信じております。

テーマ 29

# 『NHKマイルC』格言&ポイント

**本島修司**の読み解き方

## 格言：レベルの高いことをやってきた『朝日杯連対馬』と『皐月賞組』！

最強の「制し方」が3つある。1つめは**『皐月賞2〜9着くらいまで頑張れた馬』**。2つめは**『毎日杯、圧勝馬』**。3つめは**『桜花賞・1〜3着馬』か『朝日杯FS馬』**。これらのパターンに注目するのがいい。1は、アドマイヤマーズ（皐月賞4着から）、クラリティスカイ（皐月賞5着）など。2つめは、ダノンシャンティ、ディープスカイ、キングカメハメハ、クロフネなど。2020年はサトノインプレッサが大敗。こういうこともある。しかしまた勝ち馬が出るローテ。ただし、2着馬をチギる「圧勝」の方がいい。僅差勝ちだったアイアンルックが大敗している。毎日杯・2着馬の本番好走例もあることはあるが、僕は勝ち馬、特に圧勝馬がいいと思う。やはりマイルG1は、中距離の王道を歩んできた馬の方が強いと思うのがいい。そうなると、今後は弥生賞やスプリングSからのローテもいいかもしれない。かつて、アグネスソニック（3着→2着）やテレグノシス（2着→1着）が好走したローテだ。2021年、シュネルマイスターもこれだ。きさらぎ賞からというのも、ここでは悪くはない。だが、僕は好かない。本書ではきさらぎ賞馬の本番直行をけっこう軽視しているが（皐月賞）、「京都の芝1800mのG3から何も経験を積まず」というのは、中山のG1でも、東京のG1でも、けっこう厳しいように感じる。

## マイルならこのローテ

中距離路線以外では、マイルが異様に得意な馬。それが、桜花賞馬のマイル適性に乗じて買う、3の『桜花賞・1～3着馬』。レシステンシア（2着→2着）。過去にはデアリングハート（3着→2着）。ラインクラフト（1着→1着）。もうひとつ。格を持っていてマイル適性も高いのが『朝日杯馬』。グランプリボス。アルフレード（2着）。アドマイヤマーズも朝日杯馬だった。2021年は格を重視し、朝日杯FS馬グレナディアガーズ（3着）の単複を買った。競馬は同じことを繰り返している。ただし。必然的な現象だけを、まるで、データ上から引き抜くかのようにして。

## TAROの読み解き方

### 格言：クラシックからの路線変更組を狙え

かつてはマル外ダービーと言われた時期もありました。エルコンドルパサーやクロフネといった歴史的名馬も当レースから羽ばたいています。

しかし、そんな時代はとうに過ぎ去り、今はむしろ**牡馬牝馬の3冠路線を諦めた組がこのレースで好走**するシーンが目立つようになりました。2021年の覇者シュネルマイスターは、弥生賞2着からの参戦。順当なら皐月賞に出走することも可能でしたが、距離を考慮してNHKマイルカップに矛先を向けてきました。2着のソングラインも桜花賞から、オークスへは向かわずにこちらへ。2019年のアドマイヤマーズは皐月賞からやはりダービーへは向かわずにこちらへ。

基本的に能力の高い3歳馬はクラシックレースをまずは目指します。可能ならばオークスやダービーといった最高峰の舞台に出たいのは当然でしょう。賞金もその方が高い。とはいえ、さすがに2400mは長い、牡馬であれば皐月賞の2000mですら長い、そんな馬たちが**〝現実路線〟**を選んでここに出てきたパターンは買いになります。

## 牝馬は強く、トライアル組は不振

牝馬優勢の時代らしく、**桜花賞組は2016年以降で2勝、2着2回**。皐月賞や弥生賞、毎日杯など、**牡馬が中心の主流レースから距離を縮めてきたパターン**も要注意。2019年に14番人気で2着に激走したケイデンスコールなど、穴馬も多く見つかります。

一方で正式なトライアルであるニュージーランドT組は、近年不振傾向。中山マイル⇔東京マイルがあまりリンクしないこともあり、特に勝ち馬は苦戦。無敗で両レースを勝利した2012年のカレンブラックヒル以外は、軒並み人気よりも着順を落としています。

前走どのレースを使っているか、**NHKマイルカップに至る過程を見れば、おのずと買う馬が見えてくる**と言えるでしょう。

テーマ30

# 『ヴィクトリアマイル』格言＆ポイント

## 本島修司の読み解き方

### 格言：王道型4歳のクラシックホースが主役を張る舞台！

簡単なレースだ。**明け4歳・王道型のG1ホースがそのまま主役を張る。**基本はこれだけだ。3歳春に、G1、つまり桜花賞、オークス、秋華賞を勝ち負けしている馬。彼女たちが順調に成長していると有利になる。エアメサイア（2着）。アサヒライジング（2着）。

4歳時ブエナビスタ（1着）。4歳時アパパネ（1着）。ホエールキャプチャ（1着）。ラッキーライラックもしっかり走ったが僅差の4着。もう一回やったら3着かもしれない。その時にワンツーを決めたのは、ノームコア・プリモシーンの4歳の〝準主役〟的なコンビだった。4歳という「最強の時節」であれば、当時は伏兵扱いだった、コイウタやアドマイヤリードも勝利している。僕は普段「年齢で見るな、強くなってから何年目かで見るんだ」と言っているが、ここまできたらもうヴィクトリアマイルは単純に4歳勢をしっかりマークした方がいいのかもしれない。ダンスインダムード、ウオッカ、アーモンドアイ、グランアレグリアは別モノ。そう考えると、全ての説明がつく。

## 4歳は圧倒的なアドバンテージがある

4歳アパパネが、勝てるはずがない相手のブエナビスタが5歳である隙を突いて勝ち切ったのはとても印象深い。翌年、5歳になったアパパネはヴィクトリアマイルで、5着。当然です。5歳ブエナビスタで、2着なのだから。誰だこれを1番人気にしたのは。僕は、

２０２０年は当然、４歳のオークス馬ラヴズオンリーユーの単複、２０２１年は４歳の阪神ＪＦ馬レシステンシアの単複で、撃沈。だが、この「やり方」で間違いない。これまでずっと勝ってきたレース。２０２１年はマジックキャッスル（明け４歳・秋華賞２着馬で、３着）に手が伸びていないのが、未熟なところ。この馬を見逃したのは失敗だった。僕もまだまだ勉強不足だ。

## TAROの読み解き方

### 格言：最強牝馬はむしろ危険な波乱レース

ヴィクトリアマイルは**とにかく荒れるレース**。２０１４年の２０００万馬券を筆頭に、数十万クラスの配当が毎年のように飛び出しています。２０２１年も単勝１・３倍のグランアレグリアが勝利したものの2着以下は大波乱。2～5着馬の人気は、10→5→14→13番人気と、ある意味で波乱の伝統は守られました。

ポイントは牝馬限定戦でスピードが重要になるということでしょう。当たり前かもしれませんが、だからこそ波乱が起こりやすい。というのも、牝馬相手のトップクラスと戦う牝馬は、総じて**中距離がベストのタイプ**が多いわけです。その馬がヴィクトリアマイルにコマを進めて来たとしても、東京1600mはやや忙しい。結果、**差し損ねが頻発して波乱が起こる**わけです。

## 牡馬相手に中距離で通用した馬のスピード不足を疑え！

2年連続で1番人気を裏切ったミッキークイーンは、オークスと秋華賞の勝ち馬。2017年には当レースで7着に敗れた後、宝塚記念で3着と巻き返しています。後に宝塚記念や有馬記念を勝つリスグラシューも、ヴィクトリアマイルでは2着止まりでした。エリザベス女王杯連覇や大阪杯勝利など中距離で活躍したラッキーライラックも、当レースでは4着止まり。逆に連覇を成し遂げたストレイトガールはスプリントG1でも活躍した馬でした。

牡馬相手でも戦える底力や豊富なスタミナは、**スピード勝負になるヴィクトリアマイルではかえって邪魔になる**……それが波乱の理由です。もう10年以上も前になりますが、ウオッカが初めて当レースに挑んだ際も、伏兵エイジアンウインズの前に屈して2着に敗れています。

もはや牡馬相手に互角以上の戦いを演じる牝馬が珍しくなくなりました。ですが、そんな馬がわざわざ牝馬限定のヴィクトリアマイルに出走して来たら、それは**波乱の兆候**かもしれません。

テーマ 31

# 『オークス』格言&ポイント

本島修司の読み解き方

## 格言：普遍性ある好走ローテ、王道を歩んだ桜花賞組が優勢！

桜花賞馬が、阪神競馬場工事改修以降、このオークスでもよく来るようになった。以前は、『マイルに適性がありすぎる桜花賞馬を除く、桜花賞2~9着馬あたりの、前走桜花賞組が強いレース』と書いてきた。しかし、現代ではそこに「桜花賞馬も含む」と付け加えておきたい。デアリングタクト。アーモンドアイ。ジェンティルドンナ。ブエナビスタ。こういった**『力通りに桜花賞を差し切った、末脚爆発タイプの桜花賞馬』**はオークスでも来る。

## 凡走するタイプはこれだ！

来ないタイプも簡単。**『桜花賞を前で捌いたマイラーの桜花賞馬』**。テイエムオーシャン。アローキャリー。レーヌミノル。ソダシ。歴史は繰り返す。フローラS馬が過剰人気になって勝手に飛ぶというのがオークスの歴史のひとつ。フローラS馬は軽視で、フローラS馬ならぶっちぎり（チェッキーノ、サンテミリオン）で勝った馬でなければ、なかなか通用しない。桜花賞、2～9着くらいのなかに潜んでいる「さらに距離が伸びていい差し馬」「前々走で重賞を勝っている馬」に注目。クロノジェネシス（3着）、リリーノーブル（2着）、シンハライト、ヌーヴォレコルト、クルミナル（3着）、ダイワエルシエーロ、スマイルトゥモロー。こういうタイプが有利。２０２１年は、アカイトリノムスメ（２着）の単複を買った。忘れな草賞馬が、今も昔も台風の目。**「間隔を開けて挑める2000mのオープン特別」**というのが有利に作用する。ラヴズオンリーユー。ミッキークイーン。一番弱いのはスイートピーS馬。カレンブーケドールが素晴らしかったが、これが走ったからといって、ローテとして良くなるわけではない。デゼルが2戦2勝で参戦。無理だ。慢性的経験値不足を本番で露呈。こういう馬が人気になって、よく飛ぶ。カワカミプリンセスくらいのことをやってこなければ（3戦無敗、全レース2着馬をぶっちぎり）、スイートピーS馬は本番では苦しい。

## TAROの読み解き方

# 格言：実力秘める人気薄のスタミナホースを探せ

牝馬の時代と言われるようになりました。したがって、オークスは牝馬のみならず、その後の日本の中距離路線において要注目のレース。ジェンティルドンナ、アーモンドアイ、デアリングタクト……勝ち馬の名前にはズラリと名馬が並びます。では、ジェンティルドンナは果たして何番人気だったでしょうか？　答えは、3番人気。桜花賞を勝って参戦したのに……です。当時の1番人気馬を即答できるならば、相当な競馬通。答えはミッドサマーフェア。

これはある意味でオークスのポイントを端的に表しています。まだキャリアの浅い3歳馬同士の対決、しかも未知なる2400mが舞台。**能力＝人気にはならない**わけです。

牡馬相手のG1でも好走を繰り返すカレンブーケドールは果たして何番人気だったか、

答えは12番人気。いま改めて見返すとスイートピーSは出遅れて外を回して強かったなんて思いますが、それもこれも後の祭りなわけです。オークスの時点でわからないと。東京芝2400mという未知の舞台でスタミナを問われて、そこで**素質を開花させる馬を事前に見つける**ことができれば勝利は近づきます。

## スタミナ系の穴馬が波乱を演出

他方、オークスにスタミナは不要と言われることもあります。ただ、それは**レベルが高い世代**に限ります。上位3番人気までで決まった2014年はヌーヴォレコルトとハープスターの決着、でも4着は17番人気のニシノアカツキ。ミッキークイーン、ルージュバックの2015年も堅かったですが、4着は13番人気のアースライズ。一歩間違えばスタミナ系穴馬の激走で大波乱が待ち受けるのがオークスです。2021年は16番人気のハギノピリナが3着。今後も隠れた能力上位馬、**スタミナ上位馬を探すのが穴馬券の近道**でしょう。

テーマ32

# 『日本ダービー』格言＆ポイント

**本島修司**の読み解き方

## 格言：皐月賞上位馬＋青葉賞圧勝馬の〝決まり手〟こそ、王道！

人間で言うと高体連の全国大会決勝。競馬の本流でもあり、全ての物事の決まり事でもある**『メインストリームを歩んできた者が強い』**という点を重視。競馬には「未知の魅力」と言う不思議な言葉があるが、未知は、ただ未知なだけ。魅力ではない。ただ強い相手とやってないだけ。人間で言うと、インディーズで売れたミュージシャンがサザンオールスターズより下だとわかるのに、競馬の世界ではそれを「未知の魅力」と呼ぶ。藤沢和調教師が「青葉賞からでは厳しい」と言っているが、そのずっと前から、僕は言ってきた。皐月賞組の方が強いと。しかし、**「芝2400mのG2から向かう」**というのは理に適っている。いずれ青葉賞馬から、ダービー馬が出るはず。では、それは「どんな青葉賞馬」か。ひと言で言うと「とんでもない青葉賞馬」だ。問答無用で2着をチギった青葉賞馬。僕が単複を買ってきた例で言うと、ゼンノロブロイ（2着）、ハイアーゲーム（3着）、アドマイヤコマンド（着外）、ペルーサ（着外）、アドミラブル（3着）。ペルーサには騙された。アドマイヤコマンドは不利があった。他ではフェノーメノ（2着）、アドマイヤメイン（2着）が、実は青葉賞ぶっちぎりで、ダービーでも惑星だった馬だ。ゴーフォザサミットやヴァンキッシュランの様にチギっても来ない例もあるので固執する必要はないが。

## どんなタイプが来るのか？

買うべきは、皐月賞馬を含めた、**皐月賞1～8着くらいのクラシック血統の馬**。皐月賞を突き放して勝った王者は特に強い。京都新聞杯はレベルが高いことがあり勝ち馬に注意。プリンシパルS馬は本番ではあまり通用しない。**『皐月賞馬＋別路線重賞1着馬』**や**『皐月賞馬＋皐月賞2～3着馬のどちらか』**という決着が、一番多いダービーの〝決まり手〟で、これをイメージするといい。2021年は『毎日杯馬が直行』でシャフリヤールが優勝。理に適ったローテではある。だが、経験値不足を招きかねない。今後も王道ローテとまではならないはずだ。

**TARO**の読み解き方

## 格言：令和も変わらず運の良い馬が勝つ内枠有利レース

2021年は毎日杯から直行したシャフリヤールが勝利。皐月賞をすっ飛ばしてダービーに直行して勝ってしまうという、まさに**新時代を象徴する勝利**でした。令和の競馬はもはやトライアルが空洞化しています。皐月賞においてもかつて隆盛を誇った弥生賞組が凋落し、共同通信杯やホープフルSからの直行組が活躍するようになりました。**ダービーも今後一気に傾向が変化していく**のかもしれません。

それでも、令和になっても変わらないことがあります。それは〝**内枠有利**〟のレース傾向。かつて3連勝、4年連続連対などを成し遂げた**1枠1番ですが、近年も絶好調**。2019年にはロジャーバローズが12番人気で勝利を挙げるなど、過去10年で5頭が馬券圏内の活躍を見せています。

## ダービーの運は枠順抽選で決まる⁉

なぜダービーは内枠が有利なのか？　それは東京芝2400mのコース形態が……とか、Cコース替わり1週目だから……とか、正解は一つではなくいろいろあります。ただ、抜け落ちているとすればダービーの枠の配置です。レース映像を見ていただくとわかりますが、例えば青葉賞などと異なり、ダービーの場合は**最内枠から内ラチまでにスペースが広くとられています**。ゆえに、最内枠の馬は楽に位置を取り、流れに乗りやすい。

本来最内枠は最短距離を回れる有利がある一方、ラチとの距離が近かったり、馬場の悪いところを通らされたり、外から出て行く馬の押圧によって閉じ込められたり……といったデメリットもあります。しかしダービーにおいてはそれがない。なぜなら内ラチと最内枠発走地点のスペースが充分に取られているから。

したがって、令和になってもダービーの最内枠はかなり有利になるでしょう。**ダービーは運の良い馬が勝つ**、とは本当によく言ったものだと思います。

テーマ33

# 『安田記念』格言&ポイント

**本島修司**の読み解き方

## 格言：中距離馬の転戦か、マイルCSに向いていないマイルG1馬に注目！

マイル王がいるなら、マイル王が強い。そしてその王者は安田記念とマイルCS、春秋のマイルG1でも問題なくリンクする。どちらの舞台でも強い。その歴史は続いている。

1999年のエアジハード。2019年～2020年で言うとインディチャンプ。ワンマイルがピタリ。しかし、多くのマイル王はそうではない。安田記念とマイルCS。東京のマイルG1と、京都外回りのマイルG1では、**求められる『適性』がだいぶ違う**。逆に言うと、エアジハードやインディチャンプの様な例の方が稀ということ。マイルCSで強く、安田記念でやらかすスーパーホーネット。逆に、安田記念で強く、マイルCSでやらかすサトノアラジン。こういう**「どちらか片方で強いマイル王」**の方が多い。

## 歴史的名馬2頭の選んだG1

そのことをよくわかっていたと思われる東京コースの申し子、ウオッカとアーモンドアイは、**安田記念には2回も出てきて、マイルCSには一度も出なかった**。ウオッカは角居・元調教師の判断だろうか。宝塚記念は3歳時の一回の大敗でさっさと諦め、ヴィクトリアマイルと安田記念に何度も出してきたのは英断。スマイルジャックなどと同様、タニノギムレット産駒は東京が得意だ。ウオッカやアーモンドアイ。この両馬は、取りこぼしもあったが、凡走するイメージを持つ人は、まずいなかったように、ここでも、基本的にはコース適性ウンヌンより**『中距離馬の方が強い』**という現象に注目するのがいい。G2だった産経大阪杯からのローテで挑んだ、ツルマルボーイ（1着）、ショウナンマイティ（2着）の様なパターンはG1昇格後も続くだろう。ドバイデューティーフリー帰りも当然有利。日本は短距離路線のトップより、中距離路線の真ん中くらいの役者の方が強い。

## TAROの読み解き方

# 格言：1番人気のオッズを見れば波乱度が見える

原稿を書く上で非常に悩ましいのがこの安田記念です。何しろ過去10年の好走馬を見ても連闘あり、年明け初戦あり、海外帰りあり、スプリントからの延長、二千からの短縮……**もはや何でもあり**の状況だからです。春シーズン終盤のマイル戦だけあって、様々な路線から参戦してくるため、比較難解、結果波乱になりやすいのも特徴でしょうか。

もっとも、近年はそれでも多少堅めの傾向になっています。これはメンバーレベルが上がっているからでしょう。なぜか？　秋のマイルＣＳは前後にエリザベス女王杯、ジャパンカップがあります。しかし、春の安田記念は宝塚記念まで中2週、牝馬のヴィクトリアマイルからも中2週。両方使うことも可能になるし、大阪杯から宝塚記念ではなくこちらへ……というパターンもあります。

## 1番人気が圧倒的な支持を集めていたら大波乱はない

波乱になるかどうかの目安は、**1番人気馬の単勝オッズ**でしょうか。２０２１年グランアレグリア、２０２０年アーモンドアイのような超人気馬が出走してくるケースは、伏兵の一発はあっても大波乱は少なめ。実際過去10年、1倍台の1番人気馬は5頭出走してとりあえず全馬馬券には絡んでいます。

一方、3倍台とか4倍台とか、そういった馬が1番人気の場合は**波乱が待ち受けてい**

**ます**。最たる例は２０１２年の1番人気サダムパテック。この時の単勝オッズはなんと見たこともない6・6倍。そりゃ荒れるよというレースで、サダムパテックは9着、2↓13↓15番人気で大波乱。イスラボニータが単勝3・5倍の1番人気だった２０１７年も波乱。同馬は8着、7↓8↓3番人気の決着でした。

　だとすると、今後はメンバーレベルが上がって来れば比較的堅い決着が増えるのかもしれません。あともう一つ、２０２１年はシュネルマイスターが3着と好走。**3歳馬は本来有利**なレースだと思うので、今後も出走が増えて来れば要注意でしょう。

テーマ34

# 『宝塚記念』格言＆ポイント

## 本島修司の読み解き方

### 格言：雨と夏の暑さに注意、重巧者とスタミナ自慢の舞台！

よく、『雨』が降る。これがこのG1を難しくする。そして『気温』。蒸し暑い。それがこのG1をさらに難しくする。蒸し暑い中の重い馬場だ。そもそも、2200mという非根幹距離のG1は「強い馬が強い競馬をする舞台」とは少しだけズレがあるのに、そこに、雨と蒸し暑さが襲い掛かり、マギレが生じてくる。日本の芝中距離G1で、これほどマギレが生じて**「強いG1馬が強い競馬をしにくいG1レース」**は、他にはないと感じる。実は僕は、雨による馬場の重さの変化よりも、**蒸し暑さ**というファクターの方に着目している。王道をゆくG1馬というのは、日本の場合「夏場に競馬をする」ことが少ない。札幌記念に出る馬以外は、暑い夏は休んでいる。ところがこの宝塚記念は、6月末~7月、つまり初夏に行われる。サートゥルナーリア、ジェンティルドンナ、ディープスカイ、ゼンノロブロイ、シンボリクリスエス。全員（全馬）、バテた。4歳の時節で競走馬としてピークの時節真っただ中なのに、**これらのビッグネームが全員、直線でバテた**のだ。

## 好走した馬には共通点があった

では、一方、強い姿を見せた王道型4歳馬はどんなタイプか。クロノジェネシス、ゴールドシップ、オルフェーヴル、ナカヤマフェスタ、ヒシミラクル。順に「重馬場巧者、重馬場巧者、別格の馬、夏に勢いがあった馬、ステイヤー」だ。まとめると、**スタミナ自慢**

**の重馬場巧者。**彼らが、『重い馬場と消耗戦の暑さ』を、自慢のスタミナで乗り切ってくる、というイメージ。基本は、大阪杯や天皇賞秋のように、3歳春にG1を連対している王道型の4歳馬＋3歳の秋以降に初めてG1を勝ち負けした晩成型の馬を買うのがいいとは思うが。あとはスタミナがあるかどうかをよく見たい。けっこう荒れる。

## TAROの読み解き方

### 格言：梅雨のグランプリ、内か外かを見極めよ

ダービーが1枠有利といわれるならば、**宝塚記念は8枠有利。**実際に過去10年で8枠は7勝。ただ、何事もデータよりは構造を理解することが重要です。なぜ外枠有利になるのか……ということを。

近年の宝塚記念で最も外枠有利が顕著だったのは２０２０年でしょう。この時は午後になって降り始めた雨がレース前に本格化。土の塊が飛び散るような馬場で、稍重という馬場発表が嘘だとは言いませんが、限りなく黒に近いグレーでしょう。

宝塚記念の開催は６月下旬。そう、季節は梅雨、雨の影響を受けやすいのです。過去10年で稍重が４回、その４回のうち３回は８枠が勝利しているように、**雨による馬場悪化は外有利傾向**に拍車をかけます。

## 意外と重要なのが1周目の走るコース

また、スタートから１コーナーまでの距離が長いのもポイント。こうなると外枠は馬場の良いところを走れます。最後の直線でどこが伸びるかばかりが話題になりますが、その最後の直線を使って先行争いをするわけですから、当然最後の直線が外有利なら、**先行争いも外有利**、外の方がスムーズに走れるわけです。これはパトロール映像を見ればよくわかります。

そんな宝塚記念、手前みそにはなりますが私は割と得意なレースで、過去10年で見ても、2014年◎カレンミロティック9番人気2着、2015年◎デニムアンドルビー10番人気2着、2018年◎ワーザー10番人気2着……など結構当てています。そんな私の2021年の**本命は内枠の逃げ馬◎ユニコーンライオン**でした。なぜ内枠を狙ったのか？

それは、変則日程により**10年ぶりに2週目の開催**となったためです。同じ梅雨時でも4週目か、2週目かで大きく馬場が異なるのは当然です。だからデータだけでなく、**時代の流れ、傾向が大事**なのです。来年以降も2週目なら外枠有利は鵜呑みにしない方が良いかもしれません。

# 第5章

## 秋G1レース
## 互いの視点、全見解！

テーマ
35

# 『スプリンターズS』格言&ポイント

本島修司の読み解き方

## 格言：夏の上がり馬が躍動！ 直前に重賞をチギッた馬に注意！

春のスプリントG1、高松宮記念がシルクロードSを圧勝した勢いで〝なんとかなる〟ように、秋のスプリントG1、このスプリンターズSも**前哨戦を圧勝した勢いでなんとかなる**。具体的には、函館スプリントS、キーンランドC、北九州記念、セントウルS。これらのどれかで2着以下をチギり捨てた新星が、本番でもそのまま来るパターンがひとつ。それ以外だと、春のG1馬がぶっつけで好勝負してくる歴史（グランアレグリア（1着）・アドマイヤコジーン（2着）・トロットスター（1着））と、王者がひとつ叩いて本番でさらに力を発揮する歴史（ロードカナロア：セントウルS2着→1着、カレンチャン：セントウルS4着→2着）。要するにこれだけだ。カッコ内の事例は、あえて新しい例と古い例を混在させて解説している。「新しい」とか「古い」とか。その概念に意味はない。必要な例か、不必要な例か。見極めに必要なのはそれだけだ。

## 新星を見極める方法とは？

G1馬の方はわかりやすい。問題は新星の方。いわゆる「夏の上がり馬」ということになるが、当然、新星でも通用した例としない例がある。では、どんな新星が通用しやすいか。意外とダメだったなと思ったのは、2020年。グランアレグリアを買いながら見ていた、北九州記念圧勝馬のレッドアンシェル（着外）。その後の京阪杯を見ると北九州記念は〝出来過ぎ〟だったとわかる。あのレースは稍重だった。外差しにバイアスがかかった馬場になっていた。そこを外から差した競馬。実力以上に強く見えてしまった感はある。なるべく、**フラットな馬場で2着をチギった新星**が望ましい。逆に、イメージ通り来てくれたのが、2015年キーンランドCから挑んだ、ウキヨノカゼ（3着）。単に、個人的に9番人気馬の単複を買って複勝を獲ったからかもしれないが。それでもこの馬などは、フラットな馬場のキーンランドCで2着馬を実は3／4馬身チギッていた。こういうのに注目。

## TAROの読み解き方

### 格言：スプリント戦の着順はカンタンに入れ替わる

2020年はグランアレグリアが目の覚めるような末脚で大外一気を決めて差し切り。

10番人気3着アウィルアウェイも大外枠から最後方を追走し、直線追い込んで穴。そうかと思えば2018年は2番手ラブカンプーが11番人気で2着に粘り込み、最内枠から先行したラインスピリットが13番人気で3着に入り大波乱。

中山芝千二は**馬場状態次第で内有利にも外有利にもなり得るコース**。だからこそ、レース当週の馬場状態の見極めが大事になる、それがスプリンターズSです。とはいえ、当週の馬場状態はよくわからない……という場合は、**前哨戦のバイアス**を見ておくのも大事。2020年3着のアウィルアウェイは先行イン有利だった北九州記念で外から追い込んで3着に健闘。向かないレースでも好走していたことが、本番への穴のサインだったのかもしれません。かつてはアストンマーチャンが外差し競馬になった北九州記念で先行惨敗から巻き返したこともありました。

## 同じコースでも条件次第で異なる結果に

そもそも**スプリント戦は馬場状態や枠順次第**で割とアッサリと着順が入れ替わってしま

います。2020年の香港スプリントを制したダノンスマッシュは、約4カ月半後に同舞台で行われたチェアマンズスプリントで惨敗。スプリンターズSでも2019年には逃げ粘って2着だったモズスーパーフレアが、2020年は外が伸びる馬場で2番人気ながら10着と惨敗。長距離と比べて王者の入れ替わりが激しい短距離戦線は、圧倒的な能力で勝ち続けられるのは歴史的名馬級、最近でいえばロードカナロアクラスだけで、あとは条件次第でどうにでもなるという考えは大事です。

2020年は秋の開催初日から雨が降っていた中山競馬。今後も天気や馬場の推移を見て、最終週に行われるスプリンターズSの馬場状態を考える、それが予想の出発点になりそうです。

テーマ36

# 『秋華賞』格言＆ポイント

## 本島修司の読み解き方

### 格言：ハイレベルなローズS組か、オークスからぶっつけを待つ！

正攻法で戦ったローズS1～3着。一にも二にも、これに注目。レースレベルが高くなるのは、東の紫苑Sの方ではなく、西のローズSだ。紫苑Sがオープン特別の時代も、G3になってからの時代もそれはあまり変わらない。僕はそのぶん、紫苑Sでは2勝クラス

（1000万クラス）を勝ち負けしてきた上がり馬の単複を買うのが得意なのだが（カリビアンゴールド（2017年・2着）・ホワイトエレガンス（2015年・2着）、この1000万クラスの上がり馬を買う手法が通用しにくいのがローズS。レベルが高いからだ。

## ローズSはこんなタイプを狙う

話を、秋華賞に向かうローズS組という視点に戻すと、まずは1着で決めた上がり馬に注目。ただし、マグレ勝ちの追い込み競馬（例、タッチングスピーチ）ではなく、トライアルホース（リアアメリア）でもない、という当たり前の条件がつく。2〜3着馬でも**「正攻法で戦えていて、まだ奥がありそうな素材」**には注意。カイザーバル（2016年、3着→3着）や、キョウワジャンヌ（2011年、3着→2着）の様な素材だ。キョウワジャンヌを見抜くのは難しかったが、カイザーバルは、本番で単複を買った。それから、サラキア。（2018年、2着→4着）。惜しい負けだが、これも買ってよかったと思っている例。ディアドラやヴィブロスなど、馬の素材がよければ、当然、紫苑Sからでも来るが、僕としてはまだ西のトライアルに目を向けている。ローズS1～3着馬でも抵抗しにくいのは、チャンピオンクラスのG1勝ち負けをしている馬が、オークスからのぶっつけで挑んでくる時。**G1↓G1のぶっつけはむしろ有利**だと、シンボリクリスエスの頃から書いている僕としては、これは当然のローテ。テイエムオーシャンもカワカミプリンセスも秋華賞で買ってきた。近年ではアーモンドアイ、クロノジェネシス、デアリングタクトがこのローテで成功している。むしろこっちが王道ローテ。昔からだが。

## TAROの読み解き方

### 格言：妙味大は重賞昇格の紫苑S組

かつてはブゼンキャンドル↓クロックワークで決まった1999年など、京都内回り戦らしく大波乱も見られたのですが、最近はどちらかといえば堅めの傾向。過去10年の勝ち馬はすべて4番人気以内で、1〜3番人気（9－4－2－15）と、馬券圏内のちょうど半数までが上位人気馬で占められています。

波乱が減った要因は**牝馬路線のレベルアップ**にあるでしょう。かつてはあくまでも牝馬同士の3冠最終戦。しかも内回りとなれば波乱が多かったのも理解できます。しかし、今や牝馬が中心の時代。秋華賞とはいえハイレベルな馬たちが集まり、ちょっとやそっとじゃ紛れなくなってきているのでしょう。

2020年もデアリングタクトが無敗の3冠を達成。2019年はオークス3着クロノジェネシス、オークス2着のカレンブーケドール、桜花賞2着のシゲルピンクダイヤの決着。レベルが高い年ほど夏を越しても勢力図が変わらず、波乱になったとしても、**終わってみれば春の上位馬……**というケースも多々見られます。

## かつての紫苑Sとは違う！

そんな中で最近勢いを増しているのが**紫苑S組**でしょうか。２０２０年はマジックキャッスルが紫苑S４着→秋華賞2着と好走。２０１６年はヴィブロス→パールコードのワンツー、２０１７年はディアドラが勝利などなど、近年は上位馬を続々と輩出しています。

その要因は単純な話で、紫苑SがG３に昇格したことでメンバーレベルが上がったため。わざわざ間隔が詰まる上にメンバーも揃うローズSを使うくらいなら、**ゆったり調整できて賞金も上がった紫苑Sを選ぶのは必然。**多くがそういう選択をすればメンバーレベルが上がる、一方我々の認識はまだその現状に追いついていなかったり、**データ派の人は紫苑Sというだけで軽視してしまう**ため、現状は紫苑S組が美味しくなっているというわけです。

テーマ37

# 『菊花賞』格言＆ポイント

## 本島修司の読み解き方

**格言：「ステップに重賞レースをキチンと使う」〝当たり前のこと〟を大切に！**

『慢性的経験値不足』が大きな影響を与えているＧ１レースだ。ローテーションに注目。神戸新聞杯1～3着馬。セントライト記念1～2着馬。その中から距離が伸びていい馬が、本番のＧ１でも力走してくる。近年で僕が単複を買った馬は、ヴェルトライゼンデ（着外）、サトノルークス（2着）、エタリオウ（2着）、キセキ（1着）。得意レースだ。彼らは上がり馬だったり、順調に夏を越したりした馬だが、要するに**『きちんと神戸新聞杯かセントライト記念を使ってもらった馬で、そこで成長を見せた馬』**ということでもある。サトノルークスの様に騎手がセントライト記念後に「距離が延びるのはよくない」と言っても、関係ない。血統と走りをしっかり見て自分で判断すること。母父サドラーズウェルズのディープインパクト産駒が、春先に2200mのすみれSであの勝ち方をしていて、距離が伸びて良くないわけがない。ちなみにこの**すみれS馬**というのも、毎年、注目しておきたい。春先に2200mも距離があるレースをわざわざ使って勝っているのだから。

## 上がり馬は経験値を見る

近年は、夏の上がり馬が、きちんとセントライト記念か神戸新聞杯を使ってもらえなくなった。上がり馬では、夏に「2勝クラス（1000万クラス）以上・1800m以上の距離」を勝ってきた馬が強い。強いのだが、それが**きちんと何か重賞を使って挑むことが**

**前提**。アルナスライン（2着）、オペラシチー（3着）。みんなそうだった。一方、近年は前哨戦を使わずに、ドボン。経験値不足で **〝ローテ負け〟** の上がり馬が続出。ヒシゲッコウ、グローリーヴェイズ、グロンディオーズ。もったいない。みんな、重賞を使っていれば菊花賞3着くらいはあった馬たちだ。前哨戦をパスしても快走したのは、僕が見たところ、フィエールマンとアリストテレスくらい。この2頭のローテが主流になっていく……わけがなく、この2頭がただ凄いだけ。フィエールマンは僅差勝ちの菊花賞馬だったが、きちんと前哨戦を使ってあげていれば **「長距離・強敵」** の経験値が増えて、本番では本当は圧勝だ。こういう見方ができるかどうかが、競馬力に繋がる。

## TAROの読み解き方

### 格言：素直にスタミナ重視が正解

近年の菊花賞はスタミナを問われず、キレ味が大事……ということをしばしばいわれるのですが、**実際のところはやはりスタミナを問われます。**恐らく、あまりに**ダンスインザダークの決め手が強烈過ぎた**のではないでしょうか？

ダンスインザダークが菊花賞を制したのは1996年。ダービー2着の無念を晴らすべく臨んだ菊花賞でしたが、4コーナーでまだ後方のイン。これは絶望的では……というところから、目の覚めるような末脚を繰り出しみるみる迫り、ゴール前でロイヤルタッチを差し切り最後の一冠を制覇。あのシーンは本当に鮮烈な印象として残りました。

鮮烈過ぎたゆえに、その後のイメージまで影響を与えたのでは……というのは私の仮説ですが、実際はスタミナを問われるので、馬券的には利用する価値があります。つまりスピード型の人気馬を疑い、スタミナ型を重視する、書いてしまうと単純ですがそんな単純な方法で穴馬を見つけることができます。いわば**「格よりスタミナ適性」**、これが菊花賞のカギでしょう。

## 中長距離を使った馬を素直に信頼

上がり馬といえば2020年のアリストテレスが記憶に新しいところですが、2018年のユーキャンスマイル、2017年のポポカテペトル、2014年のゴールドアクターなど、穴での好走も多くいます。特に、2200m以上の2勝クラスを制して菊花賞に挑む上がり馬には要注意。同じ前走2勝クラス勝ちでも、前走が2000m以下だと（0－0－0－16）と壊滅。**2200m以上だと（0－1－4－13）**と好走馬が現れ始めます。極めてシンプルですが、この取捨は今後も有効になるでしょう。

あまりに鮮烈だったダンスインザダークはあくまでも例外、例外だからこそ鮮烈なのでしょう。

テーマ38

# 『天皇賞（秋）』格言＆ポイント

## 本島修司の読み解き方

### 格言：4歳王道型の主役と、東京巧者の舞台！

3歳の春にクラシックを勝ち負けしてきた馬を僕は**『王道型』**と呼ぶ。彼ら・彼女らが、きちんと成長をして4歳シーズンで挑めば、その馬が主役。ダノンプレミアム（2着）、レイデオロ、リアルスティール（2着）、ゼンノロブロイ、シンボリクリスエス、テイエムオペラオー、スペシャルウイーク。みんな同じ。**牝馬に関しては牡馬混合G1で対等に戦えること**（そういう精神力があるか）を、それまでに実績で証明しておければ主役。3歳時ジャパンカップ8着のミッキークイーンが、4歳でこのレースを避けたのは賢明なレース選択。出ていればおそらく負けている。強いのは牡馬中距離G1で戦えるエビデンスのあった牝馬たちで、クロノジェネシス（3着）、アーモンドアイ、ブエナビスタ、ジェンティルドンナ（2着）、ウオッカ、ダイワスカーレット（2着）。こういうイメージ。アーモンドアイは5歳でも勝っているが、あれはちょっとベツモノの化け物。他の馬とは切り離した視点で見る方がいい。

## 意外と重要なのは斤量

牡馬と中距離重賞で戦う牝馬の場合、斤量も重要で、基本は**「55キロまで」**としておくのがいい。もちろん日本国内での話。ただ、この天皇賞秋ではどうしても56キロを背負う。この56キロを背負って勝ち負けをする、ということは、アーモンドアイの領域まではいっていなくても、**歴代怪物牝馬の影がチラついているというレベル**にあることが必要。歴代の勝っている牝馬たちの多くは歴史的名牝クラスだ。それ以外では『**晩成型**』。3歳春にG1を勝ち負けしておらず、菊花賞後から強くなった晩成型なら、5歳馬でも6歳馬でもなんでもいい。5歳フィエールマン（2着）。5歳キタサンブラック。5歳ラブリーデイ。その晩成型が『東京巧者』ならなお強く、ムーアが乗ってくれた5歳モーリスは、僕も自信を持って買った。

## TAROの読み解き方

### 格言：距離延長の差し馬が狙い

競馬は基本的に距離短縮が有利と言われます。私自身も過去に執筆した書籍の中で、迷ったら距離短縮と書いたこともあるほどです。ただし、天皇賞（秋）に関していえばむしろ逆。**距離延長馬が有利**なレースです。

２０２０年はアーモンドアイの連覇となりましたが、アーモンドアイも2年連続で安田記念からの４００m距離延長での参戦。**安田記念からの直行馬**は近年目立つようになっており、２０１１〜２０１５年までは出走自体が1頭のみだったものの、２０１６〜２０２０年の5年間ではのべ7頭が出走し、アーモンドアイの連覇を含み**4頭が馬券圏内**。その中には7番人気ながら2着したリアルスティールの名前もあります。

## 距離短縮組はペースの違いに戸惑う

主要な前哨戦である毎日王冠組と京都大賞典組も明暗がクッキリ。距離延長となる毎日王冠組は（3-2-5-39）とそれなりに好走馬を輩出している一方、**京都大賞典組は（1-0-0-13）と散々**です。勝ったのは1番人気に応えて好走した２０１５年のラブリーデイただ一頭で、他はほぼ惨敗。２２００m以上のスローペースを経験してきた馬が、スピードが重要な東京芝２０００ｍに出走すると、どうしても戸惑うケースが多いわけです。

距離短縮組で唯一注意したいのは宝塚記念からの直行組でしょう。ジャパンカップ～有馬記念の賞金が増えたため、実力のある馬はトライアルを使わずに天皇賞（秋）を実質叩き台のような形で使う馬が増えているので、宝塚からの直行組は力のある馬が多いのです。もっとも、宝塚記念組で来ているのはほとんどが**上位人気馬**。２０１７年に同組がワンツースリーを決め、３着には大穴レインボーライン……というケースがありましたが、この時は不良馬場だったので例外でしょう。

日本競馬はさらにスピード化が進んでいくでしょうから、今後も**「秋天で、迷ったときは、延長馬」**ということで。

テーマ39

# 『エリザベス女王杯』格言&ポイント

**本島修司**の読み解き方

## 格言：4歳王道型有利も、ヴィクトリアマイルとの関連性に注意！

ひとつだけ、近年で変わった点がある。春の女王決定戦・ヴィクトリアマイル（東京芝1600ｍ）と、秋の女王決定戦・エリザベス女王杯（京都芝2200ｍ）で、**「そのどちらかに強く適性があり、片方しか好走できない」**という馬がけっこう出てきたことだ。

端的に言うと、ヴィクトリアマイルで好走した4歳馬の主役は、過去では、エリザベス女王杯でも好走した。しかし、そうではない馬が出てきた。メイショウマンボ（2着・12着）。ヴィルシーナ（1着・10着）。ヴィブロス（5着）。ヴィブロスはヴィクトリアマイルに出なかったが、4歳の春にドバイターフを勝っている秋華賞馬が、4歳の秋にエリザベス女王杯でここまで凡退するのはおかしい。なので、例として入れた。このあたり、過信はできない。できないが……。それでも逆に言うと、そのひとつの点以外は、創設以来ほとんどポイントが変わっていないG1だとも言える。

## 王道型と晩成型が中心

その「変わっていないこと」は何か。それは、3歳春にクラシックを勝ち負けしてきた**『王道型』の4歳馬**。3歳秋の秋華賞を勝ち負けした**『晩成型』の4歳馬か5歳馬**。これが、中心と見るのが間違いないということ。2020年・4歳ラヴズオンリーユー（3着）、2019年・4歳ラッキーライラック、2018年・4歳リスグラシュー、2017年・

4歳ヴィブロス（5着）、2016年・4歳ミッキークイーン（3着）。うん、ヴィブロスがヘンだっただけかもしれない。つまり――。変わらない。先ほど書いた「変わってきた傾向にあてはまる馬たち」の方が少しおかしい。そういう見方で正しいと思う。

## TAROの読み解き方

### 格言：リピーターを狙え

エリザベス女王杯はとにかく**リピーターが多いレース**です。2020年もラッキーライラックが連覇を達成。2017~2019年にはクロコスミアが3年連続2着という、ある意味3連覇よりも難しい（？）かもしれない偉業を達成しました。

さて、なぜリピーターが強いか……ということですが、やはり特殊条件だからでしょう。

**特殊条件は適性が大事**、とはこれまでも何度も申し上げてきました。エリザベス女王杯は牝馬限定の２２００m。牝馬限定戦は基本的にスピードレースが多いですから、長丁場のレースはレアなわけです。レアな条件に合う馬はやはりレアですから、そういう馬は何度も出てきて、何度も走る、という極めて単純な理屈です。ザックリ近年のリピーターをまとめてみましょう。

ラッキーライラック　19、20年連覇
クロコスミア　17、18、19年 3年連続2着
ラキシス　13年2着、14年1着
ヌーヴォレコルト　14、15年　2年連続2着
ラヴズオンリーユー　19、20年　2年連続3着
ミッキークイーン　16、17年　2年連続3着

## 前年と同じ着順になるケースも多い

過去10年弱を遡るだけでこれだけリピーターが見つかるレースはなかなかありません。よく見れば**着順も似たようなところ**、2着の馬はまた2着、3着の馬はまた3着、のようなケースが多いですね。というわけで、今後も前の年の成績を見て買いましょう……というのではさすがに浅すぎると思いますが、それでも通用するほどです。

あとは今後の流れとして、前走で牡馬相手の重賞を使ってきた組には要注意でしょう。札幌記念やオールカマー、最近はイマイチですが京都大賞典組も良いでしょう。近年のトレンドとして真のトップ牝馬は天皇賞（秋）やジャパンカップ・海外に向かいますから、**牝馬のセカンドグループが牡馬相手の重賞を使って出て来るパターンが買い**だと思います。

テーマ 40

# 『マイルＣＳ』格言＆ポイント

## 本島修司の読み解き方

**格言：過去に朝日杯ＦＳを連対している馬、皐月賞を連対している馬を再評価！**

春の安田記念。秋のマイルＣＳ。**「その２つの求められる要素の違い」**。ポイントはこれに尽きる。サトノアラジンはマイルＣＳより安田記念の方がフィットし、スーパーホーネットは安田記念よりマイルＣＳの方がフィットする。先に書いた通り。こういう馬はこれからも多く出る。逆に「これぞマイル王」と呼べるクラスの馬は、安田記念もマイルCSも、その年の両方を勝ち負けする。近年では、グランアレグリア、インディチャンプ。昔だと、エアジハード、タイキシャトル。「過去10年でこういう馬が好走している」はどうでもいい。もう一度言うが**「次の未来の10年はこういう馬が好走する」**と言えるようになることが重要。新しいとか、古いとか。その価値基準を超えた者は、「手繰り寄せるように何かにすがって導きだそうとする今年の結果」ではなく、「今年を含めた未来の必然的な部分の結果」が見える。

## 中距離馬の狙い方

その上で、マイルCSで有利なのは**『中距離馬』**だ。天皇賞秋の1~6着くらいの馬(2019年・ダノンプレミアム2着、2018年・アルアイン3着)や、最近は不振だが毎日王冠を完勝した馬は有力。秋華賞1~2着馬もいい。富士S馬はあまり軽視できないが、スワンS馬はG2勝ち馬ながら個人的には軽視している。エアスピネルやイスラボニータのように、安田記念でイマイチだった、**「中距離G1でそこそこやれている馬」**がいい。そしてそこに、スーパーホーネットもダノンプレミアムもアルアインも含めた好事例のほとんどが、同じ右回りのG1、**『皐月賞の連対馬』か『朝日杯FSの連対馬』**だというのも特記事項。あとはひとつだけ、注意したい。菊花賞からとなると「3000m→マイルで、しかもG1の激流」となり、急激な短縮距離が極端になりすぎるので軽視したいということ。過去の事例ではスマイルジャック。それからダンツフレームがいた。地方競馬教養センターで死亡した、2001年最強世代の一角だったこの馬も、マイルCSの本質の一部分を、人々に教えてくれている。

**TARO**の読み解き方

## 格言：間隔を空けてきた強い馬を素直に買え

最近は堅いことが多いなぁ、と思ったらそれもそのはず。過去10年で2ケタ人気馬の馬券絡みは1頭だけ。それも10年前、2011年に11番人気2着のフィフスペトル。なぜ順当な決着が多いのか？　ひとつはノーザンファーム勢を中心とした**社台グループのトップホースが出走してくるようになったため**でしょう。2020年でいえばグランアレグリア、2019年でいえばインディチャンプなどなど、決め手を秘める同グループのG1級が出走してくると波乱度は下がります。ましてコーナー2回で直線が長いコースですから、京都でも阪神でも**外回りコースは力のある馬が順当に力を発揮しやすい**わけです。

## スワンSが苦戦するのは時代の流れ

そうなるとやはり埋没していくのはスワンSなど間隔が詰まったトライアル組です。私が競馬を始めて間もないころにはタイキシャトルがスワンS～マイルCSを連勝し王者に上り詰めましたが、今の主流は間隔を空けて使うパターン、あるいはG1からG1へと渡り歩くパターンです。中3週のスワンSは非主流になっており、過去10年でスワンS組の1番人気馬は4頭いて勝ち星はゼロ。毎日王冠やスプリンターズSなど、間隔をあけて臨む組が狙いやすくなっています。

あとは**内枠有利**になりやすいレース。阪神開催になった2020年もイン有利傾向で、過去10年でみても1～4枠は複勝率が20％を超えており、5～8枠は10％台かそれ以下とクッキリ分かれています。

ゆったり間隔を取った馬が強い、内枠が強い、ある意味**現代競馬の象徴のようなレース**です。ディープインパクト産駒も相性が良くこれまで4勝、9年連続で最低1頭は馬券に絡んでいますから、繰り返しにはなりますが、**極めて現代競馬らしいG1**です。

テーマ 41

# 『ジャパンC』格言&ポイント

## 本島修司の読み解き方

**格言:斤量差で実力のカバーは難しい、日本総大将の舞台!**

日本総大将。要するに**今日本で一番強い馬**。**それを中心視**。シンプルに。日本で一番強い馬が、有利・不利が少ない東京芝2400mで、強い競馬をするG1。それがジャパンカップだ。個別によるが、**『ディープインパクト産駒全般』**が、「東京向き」か「中山向き」

かを問われれば、9割以上の人が「東京向き」と答えると思う。そのディープインパクト産駒が日本の競馬を引っ張ってきたこの10年ほどの競馬は、ジェンティルドンナ前後の時期を中心に、ノーザンファーム勢力が、有馬記念よりもこちらのジャパンカップに力を入れている様に感じた。中山よりもマギレが少ない。そういう意味でも日本一決定戦だ。

## 3歳で通用するのはナンバーワンクラス

強いのは、3歳春にクラシックを勝ち負けしていたような**『王道型の4歳馬』のトップ**（ワグネリアン（3着）、エピファネイア、ジェンティルドンナ、ブエナビスタ（1位入線）など）。菊花賞からG1を勝ち負けし始めた**『晩成型』のトップ**（キタサンブラックなど）。その年にクラシックを勝った**3歳G1馬のナンバーワンクラス**（3歳アーモンドアイ、3歳ジャングルポケットなど）。3歳馬には「ナンバーワンクラス」と付くのが他のG1と異なるところだろうか。稀に、3歳牝馬の参戦が『軽い斤量』で〝もてはやされる年がある が、3歳牝馬ミッキークイーンがドボン。名牝中の名牝といえるデアリングタクトでも、

3着が精一杯だった。僕は「斤量」で風穴が開くほど甘い舞台ではないと思っている。伏兵や実力の足りない馬には、あまり出番がないレース。妙な荒れ方も少ない。「リピーター」は春のクラシック連対ホースの場合、4歳→5歳より、**3歳↓4歳**の方が決まりやすい。僕が主催する〝オンライン書斎〟『PENS』でも、リピーターの研究はよくやっている。「走るリピーター」と、そうではないリピーターがいるものだ。ジャパンカップの場合、**3歳で3着以内に好走した若き才能馬**は、普通に成長すれば4歳でも3着以上に走る。

**TARO**の読み解き方

## 格言：3億円を求めるハイレベルメンツで波乱はナシ

最近は天皇賞（秋）を叩き台にする有力馬が多いと申し上げましたが、それはやはり目標がジャパンカップという馬が増えたからでしょう。なぜジャパンカップが目標レースになるかというと理由は2つあります。

1つは、東京芝2400mという比較的紛れの少ない舞台で行われるため。有馬記念は中山開催でどうしても紛れが生じますから、**真のチャンピオンホースはジャパンカップに出てくる**ケースが多くなります。

2つめは、有馬記念と並んで国内最高タイの3億円という賞金の高さ。実質的な前哨戦になってしまっている天皇賞（秋）が1億5000万円ですから、同じG1とはいえ賞金は倍。**高額賞金レースに有力馬が挙って参戦するのは必然**といえば必然です。

一見馬券と関係ないように思える話かもしれませんが、競馬は構造を掴むことが非常に大事です。ジャパンカップにおいては**メンバーレベルが上がったことが、堅い決着の増加に繋がっています。**

## 荒れる要素はほとんどない

ジャパンカップの賞金が3億円になったのは2015年。以後6度のレースにおいてはとくに堅いケースが多く、2015年に7番人気で2着のラストインパクト、2016年に6番人気で3着したシュヴァルグランの名前があるくらいで、**あとはすべて5番人気以内の人気馬での決着**でした。ハイレベルなメンバーが揃う上に紛れの少ない東京芝2400m戦、加えて**もう完成された古馬と秋を迎えた3歳馬によるレース**ですから、同じコースでもオークスのような波乱は少ないのです。実際3億円以後は**1番人気馬（3－0－2－1）**と極めて安定しており、やはり無茶な穴狙いは禁物でしょう。

かつてはまだ全貌の見えない外国馬が穴をあけたこともあったレースでしたが、それも今は昔。**高額賞金を求める日本のトップホースが順当に走るレース**、それがジャパンカップです。

テーマ
42

# 『チャンピオンズC』格言＆ポイント

## 本島修司の読み解き方

### 格言：中央ダート向きの末脚を爆発させる王者に注目！

**3歳馬が厳しい。**これがポイントだ。ジャパンカップは3歳のナンバーワンであれば、通用することが多い。その反面、こちらチャンピオンズCならびに旧ジャパンカップダート（好走原理もほとんど同じG1）は、3歳で一番だからといって簡単に通用しない。カフェファラオ（2020年）。ゴールドドリーム（2016年）。サクセスブロッケン（2008年）。ゴールドアリュール（2002年）。みんな3歳時に人気で惨敗している。そして翌年、明け4歳になって、仲良くフェブラリーSを勝っている。このことが何を示すか。それは**『ダートは経験値』**ということ。だからジャパンカップより、チャンピオンズCは、3歳ナンバーワンがキツいのだ。「3歳トップが地力で通用するのは**〝3〜5年に1頭クラスの実力馬〟**」と思っておくといい。

## 3歳で来るタイプと来ないタイプ

近年で僕が買った3歳馬は、2頭しかいない。クリソベリル（2019年・1着）。ノンコノユメ（2015年・2着）。ちなみにルヴァンスレーヴは見逃してしまった。3年に1頭クラスの3歳馬、と聞くと、ド人気の馬を想像するかもしれないが、意外とそうでもない。クリソベリルは2番人気。ノンコノユメは3番人気だった。他の基本はJCと同じで、日本総大将を買えばいいレース。だが、3歳馬が日本総大将になりにくいということと。あとは、交流重賞をスピードで押し切っている馬は、タイプが少し違うと思っていい。交流重賞を取りこぼしていても、強烈な末脚を武器にしている**『中央ダートタイプ』**に固執したい。一発があるのもそういうタイプ。最近では、チュウワウィザードやサウンドトゥルーで、昔だとウイングアローがその手のタイプ。今年、2021年に死亡した、2001年最強3歳世代の怪物クロフネは、3歳時に伝説の走りを披露した。あれはちょっと、別次元の馬だった。

## TAROの読み解き方

### 格言：ベテランの巻き返しに注意

秋のJRAダート王決定戦という位置づけのレース。ただし、前後にJBCや東京大賞典があるため、**位置づけとしては微妙**です。ＪＢＣから転戦してくる馬もいますが、ココをスキップして東京大賞典へと駒を進める２０２０年のオメガパフュームのような馬もいるので、必ずしもトップホースがすべて揃うわけではありません。ＪＢＣ&東京大賞典が8千万円、当レースが1億円ですから、実は賞金的にもあまり差がない。地方のダートの方が向いていると判断されれば、無理に出てこないケースも多々あります。かつてはジャパンカップダートとも言われたレースですが、芝におけるジャパンカップほど重要視はされていません。

## 穴をあけるタイプを見極めろ！

だからこそ、**ベテラン伏兵勢の一発**があります。２０２０年はやや衰えも見られていたインティが復活走を果たし10番人気3着、２０１７年には当レースで散々人気を裏切っていたコパノリッキーが9番人気で3着。かつては12番人気だった牝馬サンビスタが内から抜け出して波乱を演じたこともあるように、高齢馬でも侮れないレースです。

また、適性が絶対的な意味を持たず、過去に凡走していた馬でも**展開や立ち回りひとつで走ることがある**し、逆にクリソベリルのように連覇に向けて盤石だと思われながらも、1・4倍で4着に敗れるケースもあります。その点はフェブラリーSとの大きな違いと言えるかもしれません。

もうひとつの攻略ポイントは、中京ダート1800mというコースを知ることでしょう。基本的には極端な外枠は不利、**内枠の差し馬が穴をあけやすい舞台**。2020年のクリソベリルも8枠15番から大事に乗り過ぎてロスが響いた印象でした。現状の条件になってから7年で、1番人気の勝利はルヴァンスレーヴ1勝のみというのも難しさを示しています。

テーマ
43

# 『阪神JF』格言&ポイント

**本島修司**の読み解き方

## 格言：早熟性+マイル以上の距離経験馬！

**『マイル以上の距離経験』『牡馬相手に中距離で戦ってきた経験値』**。これが生きる。ファンタジーS馬があまり信用できない。近年はレシステンシア、ダノンファンタジーが本番も勝ったが、レシステンシアはラインクラフトの様に、その後を見てもモノが違っただけだ。ダノンファンタジーの年はクロノジェネシス（牡馬相手に芝１８００ｍのアイビーSをチギっていた）が勝っているレースだったところを、騎手が外に大きく膨れて勝ち損ねただけ。データ上、とかいう言葉を僕は信じない。なぜならば事実上勝っていたのはクロノジェネシスだったからだ。そう見ると、ファンタジー馬は今も厳しいと思う。近年だと、ミスエルテという馬がファンタジーＳを勝った後になぜか朝日杯ＦＳに出て負けていたが、阪神ＪＦに出ても負けていたと思う。**ファンタジーS馬自体が、あまり強くない**。

## どんなタイプが来るのか？

「何をやってきたか」「何を経験してきたか」が大事。「マイル以上の距離」と「牡馬相手」だ。**アイビーS勝ち馬は有力**。ソウルスターリング、クロノジェネシス（２着）。**アルテミスS圧勝馬**も好走して当然。ソダシ、ラッキーライラック、ココロノアイ（３着）、リスグラシュー（２着）。さらに**最高のローテとして、札幌2歳S**というのがある。これは必然的に結果が出る。ロックディスタウンが負けて印象は悪くなったが、過去にはテイエムオーシャンが3着からでも本番で勝利。ヤマニンシュクルも3着から優勝。その系譜をレッドリヴェールが受け継いで、過剰人気馬ハープスターに一発を喰らわせた。2020年、ソダシの3着だったユーバーレーベンも札幌2歳Sの2着馬。後のオークス馬のこの馬が、まだ人気がなかった頃だ。**赤松賞馬**にも注意。東京マイルの1勝クラス（500万）で、かつてスティンガーがここから圧勝している。しばらく勝ち馬がいないことは関係ない。2017年、マウレアが4番人気できちんと3着。「有利かどうか」。それだけだ。データ上より、事実上で。

## TAROの読み解き方

## 格言：冷静にポテンシャルを見極めよ

牝馬の時代を象徴するように、近年はビッグネームもちらほら見られるレース。勝ち馬のみならず、負けた馬の中にもリスグラシューやクロノジェネシスの名前があり、朝日杯以上に名馬を生み出す舞台になっています。

基本的に阪神外回りの１６００ｍは**紛れの少ない舞台**。したがって、ハイレベルな上位人気勢が出走してきた場合は大きく崩れる可能性は低く、馬のポテンシャルを見抜くレースです。２０１９年にリアアメリアが１・８倍で敗れ、単勝11・2倍のレシステンシアが勝利していますが、その後の戦績を見れば単純にリアアメリアよりレシステンシアの方が強かったのでしょう。もちろんそれをこの段階で見抜けるかは難しいところですが、同じ2戦2勝の重賞ウィナーでもあったので、フラットな目で見ることは意識したいです。

## タフな経験をしたかがポイントになることも

リアアメリアはデビュー前から評判の牝馬でしたが、初戦は6頭立て、2戦目は9頭立てと、多頭数の厳しいレース経験を積めていませんでした。対するレシステンシアは初戦がフルゲートの18頭立て、2戦目のファンタジーSが15頭立て。さらに5F60秒超のスローしか経験がなかったリアアメリアに対して、レシステンシアは5F58秒前後の流れを経験できていました。頭数や流れは他馬との兼ね合いもあるとはいえ、やはり**経験値は大事**なのです。

ちなみに当時メディアでは、リアアメリアについて**「怪物牝馬」**という文字が躍っていました。まだ2歳の女の子を称して怪物というのはいかがかと思いますが、それはさておき、いかにこの時期の評価がアテにならないかおわかりでしょう。この2頭の話に終始しましたが、それだけ**人気=実力とならないのが2歳戦の難しさ**であり、また美味しさでもあります。冷静な見極めができれば、力のある馬を人気薄で買えるチャンスでもあるのです。

テーマ 44

# 『朝日杯ＦＳ』格言＆ポイント

**本島修司**の読み解き方

**格言：将来性＋マイル以上の距離経験馬！**

**『マイル以上の距離経験』**。阪神ＪＦと同じく、これが最大のポイントとなる。１４００ｍからの馬は厳しい。完成度で戦っているし、スプリンター色が強すぎる馬も多いからだ。つまりここでは、京王杯２歳Ｓ馬が、本番で厳しいという歴史がある。これは理に適っている。メタクソ強くない限り、京王杯2歳S馬は、僕は軽視している。メタクソ強い馬というのは**グラスワンダー**のことだ。タワーオブロンドン（3着）やタイセイビジョン（2着）など、近年は好走してくるイメージもあるだろうが、この2頭に力があっただけだと思う。そして、2020年はモントライゼが大暴走で撃沈。

## 好走馬には共通点がある

他に、良いローテーションはたくさんある。**サウジアラビアロイヤルC**からは、サリオス、ダノンプレミアム。僕は両方とも買っている。**東京スポーツ杯2歳S馬**というのも王道。コディーノ、ローズキングダムが快走。デイリー杯2歳S馬も当然、良い。アドマイヤマーズやエアスピネルが好走。**「ベゴニア賞ぶっちぎり」**というのもいい。サトノアレスだ。僕はこれも買っている。同じベゴニア賞ぶっちぎりだったロゴタイプを見逃してしまったぶん、〝良い買い物〟だった。マイル以上の距離なのに、ちょっとよくないステップは新潟2歳S馬だけ。「早熟気味・左回り・平坦の切れ味比べ」の馬が、阪神ワンマイルの将来性を競うG1は合わない。札幌2歳S馬なら有力。まとめよう。**1600m以上の距離を勝っている『将来性』のある馬。**そしてもうひとつ。クラシック血統であることが重要。ここで言うクラシック血統とは、**牡馬クラシックを2〜3回以上勝っている種牡馬の仔**だと思ってもらいたい。ザックリでいい。こういうのは大局観が大事。パッと思いつくクラシックに強い種牡馬の仔と思うといい。それと、ロードカナロアは例外として加えてもいい。マイルのG1だからだ。

## TARO の読み解き方

### 格言：1400m向きのスピード馬の一発に注意

かつては枠順の有利不利が非常に大きいことで知られる中山マイルが舞台でしたが、2

014年から現在の阪神外回り1600mへと舞台を移しています。もっとも、基本的にスピード性能の高さを問われるレースという点には変わらず、上位勢のその後はクラシックよりも**マイルやスプリントでの活躍が目立ちます**。タワーオブロンドン、アドマイヤマーズ、グランアレグリアなど、近年はなかなかの顔ぶれが揃っていますし、幻のG1馬クリノガウディーの名前もあります。サリオスのように皐月賞～ダービーで好走する馬もいますが、あくまでも例外。同馬は無敗で、それも2馬身半差の勝利でしたから、やはり**この時点でポテンシャルが抜けていた**ということでしょう。同じ無敗で2馬身差の勝利だったアドマイヤマーズもその後海外G1を制するまで出世しています。

## 短距離のスピードを経験した馬が穴

また、近年は馬場状態が良くなり、**スピード志向が強くなっている**のもカギ。かつては中距離路線の方がレベルが高く、距離延長馬は不利でした。しかしながら、その傾向に変化が見られます。2020年、7番人気で制したグレナディアガーズは1400mの未勝利戦を制した後の参戦でしたし、２０１９年に14番人気で３着したグランレイもやはり１４００ｍの未勝利戦を制しての参戦でした。その他の人気薄好走馬を見ても、モンドキャンノは京王杯２歳Ｓの勝ち馬、ボンセルヴィーソも初勝利は１４００ｍ、２０１５年に11番人気で３着だったシャドウアプローチも、京王杯２歳Ｓで１番人気３着と人気を裏切っていたところから、一気の人気急落で巻き返しました。

私はいまだについつい中距離型の馬や距離短縮馬を狙いたくなってしまうのですが、そこは情報のアップデートが必要です。**スピード化が顕著な現在は、むしろ１４００ｍ実績馬が穴になる**ことは頭に入れておきたいです。

テーマ
45

# 『ホープフルS』格言&ポイント

本島修司の読み解き方

## 格言:皐月賞より朝日杯FS寄り、急坂を苦にしない血統に注目!

まず、このG1が登場した時にひとつのテーマを掲げた。それは『2000mでやる朝日杯FSっぽい』のか、それとも『1600mでやる皐月賞っぽい』のか。どちらと見るのがいいかという視点を持った。そこに、出馬表にズラリと並ぶ1勝馬の山。僕の中で答えはすぐに出た。**「これは、朝日杯だ」**と。このレースを2000mの朝日杯FSだと解釈すると、攻略のポイントも見えてくる。基本は、朝日杯と同じでいいと思う。「2勝馬」ならびに「2勝馬に準ずる成績を挙げてきている馬」。大事なのは距離経験。朝日杯FSは1600m。ホープフルSは2000mだからだ。当然、1800mや2000mで戦ってきた馬が有利。マイル路線ばかり使っていると、苦しい。そこが朝日杯と違う……ように見えるが、実は違わない。なぜなら朝日杯も1400mからの馬より、1600mや1800mの距離からの馬の方が強いからだ。だからまったく同じ。1800m以上の強い2勝馬を有力視したい。

## 血統から見るコース適性

ポイントは別な点。「1期生から続く**ディープインパクト産駒は、初めての中山の急坂で面食らうことがある**」という着眼点。ここが大事。今の朝日杯FSは阪神。逆にこちらのホープフルSは中山だ。僕はこのレースでは『中山コースを苦にしないクラシック血統』

に凝っている。端的に言うと「ハーツクライ系・キングカメハメハ系・ステイゴールド系＞ディープインパクト系」として対峙している。僕のこのレースの単複は、G1昇格以降、2017年、タイムフライヤー（1着）。2018年、アドマイヤジャスタ（2着）。2019年、ワーケア（3着）。2020年、ダノンザキッド（1着）。馬券的には、ワーケアが少しトリガミだったが、複勝率100%。相性がいい。順にハーツクライ産駒、ジャスタウェイ産駒、ハーツクライ産駒、ジャスタウェイ産駒。ハーツクライ系ばかり買っている。

## TAROの読み解き方

### 格言：先行経験が先々に生きる

G1昇格を果たして4年が過ぎました。その間の勝ち馬は、タイムフライヤー、サートゥルナーリリア、コントレイル、ダノンザキッド。クラシックを勝った2頭と、不発だった馬が2頭と明暗がクッキリ分かれています。その判断材料の一つは、**立ち回り勝負に対応できたかどうか**ではないでしょうか？

サートゥルナーリリアとコントレイルはいずれも好位からサッと抜け出すセンスの良い競馬。一方タイムフライヤーとダノンザキッドは、大外からマクって抜け出す豪快な競馬。後者の方が派手さはありますが、**現代競馬に求められるのは前者のような立ち回りの上手さ**。それが多頭数のクラシックでも生きたと言えそうです。ちなみに馬券圏外に敗れた馬の中から皐月賞好走馬が2頭。サンリヴァル、タイトルホルダーはいずれも**ホープフルSでは4コーナー3番手以内から粘り込む競馬**で見せ場を作っていました。

## 過酷な舞台で自ら動いて結果を出した馬を評価

まだ完成前の2歳牡馬にとって、中山最終週の荒れ馬場で行われる2000m戦はそれなりに過酷な舞台なのでしょう。馬場や展開に乗じて差して来た馬よりも、**地力で勝ちに**

**行って結果を出した馬の方が今後にも通用する**というのは納得です。

ホープフルS自体のことよりも、先々の話ばかりになってしまいました。なぜかといえばホープフルS自体は**G1昇格後1番人気馬が全勝**、2～3着まで含めてみても伏兵台頭の余地が少なく、新馬勝ち直後に出走したステイフーリッシュが8番人気で3着に好走しているくらいです。前述通り暮れの中山2000mはまだ若い2歳馬にとって過酷な舞台なので、**力のない馬が台頭できる余地は小さい**ということです。私はついつい妙味を求めていろいろ狙いたくなってしまいますが、ホープフルSについては素直が一番ということで、素質馬を信頼したいところです。

テーマ46

# 『有馬記念』格言＆ポイント

**本島修司の読み解き方**

**格言：王道型の4歳馬＋その年の菊花賞馬＋中山得意な皐月賞馬！**

まずは**『王道型の4歳馬』**が強い。この基本通りでいい。クロノジェネシス、4歳ブエナビスタ（2着）、ディープインパクト、ハーツクライ、シンボリクリスエス、ゼンノロブロイ。こういうイメージ。トリッキーなコース形態だが、強い4歳の主役はキッチリ走る。

そこに3歳の菊花賞馬が食い込む。サトノダイヤモンド、キタサンブラック（3着）、ゴールドシップ、オルフェーヴル、マンハッタンカフェ。割って入る伏兵は『中山得意馬』で、「その年に中山別定G2を勝っている馬」というのがアメリカンボス（2着）時代からの決まり事。ダイワテキサス、トゥザワールドなどがその系譜を受け継いでいた。だが、バビット、シャケトラ、アドマイヤデウスなど、近年では厳しい傾向にある。ここはむしろ**「中山得意の皐月賞馬」**とした方がいいかもしれない。サートゥルナーリア（2着）。ヴィクトワールピサ。こういうイメージ。距離が500mも長いと思っても、皐月賞馬の異常な中山適性が、彼らを上位まで粘り込ませてしまう。トゥザワールドも弥生賞馬で、かつ、皐月賞2着馬でもあった。中山コース得意な馬が有利なG1。

## 苦手なタイプは種牡馬で考える

しかし、その逆の現象も起こる。**中山が苦手な種牡馬の子は苦戦**するのだ。今で言うと、一部のディープインパクト産駒に若干のその傾向がある。ジャングルポケット産駒も中山が苦手。古い例で言うとトニービン産駒全般で、エアグルーヴ。それから暴れん坊のジャングルポケット自身も、中山コースの有馬記念だけは、最後まで何もできなかった。2001年最強3歳世代のダービー馬だった彼も、2021年に死亡している。有馬記念は競馬の祭典だ。全てのファンが総決算として勝ちたいレース。競馬で勝つ男とは、いったいどんな男か。それは「やり方」を突き詰めて構築している男だ。どんなファクターを突き詰めるかは、人それぞれだ。しかし、勝っている男万人に共通していることもある。それは、彼らは夜など寝る間も惜しんで、むさぼる様に分析作業の研鑽を積み、身を投じた者ということだ。有馬記念が終わった夜も。僕が「競馬に勝っている一流の分析家の条件は？」と聞かれたら、次の3つと答える。ひとつ目。過去のオープン馬の膨大な数の事例を**自分**の**血肉**にしていること。ふたつ目。最新バージョンのＡＩを使うより、**最新バージョンの自分**になろうとしていること。みっつ目。時間を捧げて没頭した、**努力**。

TARO の読み解き方

## 格言：東京芝G1実績を疑え

近年の有馬記念を象徴するのは、2019年でしょう。アーモンドアイが単勝1・5倍の断然人気に支持されながら、9着に敗れたレースです。結果的にアーモンドアイにとって生涯唯一の馬券圏外となった一戦でした。

なぜアーモンドアイは敗れたのか？　それは有馬記念が現代の主要G1とは異なる資質を問われるためです。アーモンドアイは天皇賞（秋）連覇やジャパンカップを2度制するなど、東京競馬場を中心とした直線スピードを問われるレースで活躍した馬。一方、スタートからコーナーを6回近くも回る有馬記念は、むしろ**スタミナと持久力を問われる舞台**です。

## 東京2400mのG1で人気を裏切った馬が活躍

　近年の有馬記念を制したクロノジェネシス、リスグラシュー、ブラストワンピースといった馬たちには共通点があります。**いずれも東京芝2400mのG1で人気を裏切っているという点です。**クロノジェネシスはオークスで2番人気3着、リスグラシューは3番人気5着、ブラストワンピースはダービーで2番人気5着……。逆に東京芝2400mG1では3戦3勝と圧倒的な強さを誇ったアーモンドアイは有馬記念で惨敗。**ハッキリとした傾向が出ています。**

　もともと中山開催の有馬記念は、高額賞金のジャパンカップや香港に向かう馬が増えたために回避される傾向が強いG1でした。しかし、近年は賞金が増額されジャパンカップと同水準の3億円になったため有力馬が多く出走するようになりました。ジェンティルドンナが勝った2014年は2億円でしたから、これは大きな変化です。

　賞金増額に伴いかつてのアメリカンボスのような、**〝実績の劣る中山巧者〟は以前より通用しづらくなっています。**しかしながら、やはりクセの強い舞台には変わらない。**特殊**

**条件は適性が大事**、とは何度も申し上げていることですが、それはグランプリレースとて例外ではないということです。

## おわりに

著書のキャッチコピーから『カネ』『儲かる』というフレーズを取り除いて20年になる。その理由は、馬券とは、単なるギャンブルではなく、自分の分析の正しさの証明書だと思っているからだ。

今回、『知性』をテーマに、TAROさんと共著を出すことができてよかった。

僕より彼に似合うテーマだと思うが、僕がこれまでずっと『カネ』と『儲かる』というフレーズを取り除いてきたのには、競馬は知性で闘うゲームだということを、もっと多くの人に知ってもらいたかったからでもある。そういう意味では、面白いタッグだったと思う。

TAROさんの理知的な発想は、読ませていただいて納得させられることも多くあった。

〝オッサン話〟の特徴は、どうでもいい歴史をグダグダ解説し始めるところだ。

退屈だろう？

なので、僕は、新しい話も古い話も関係なく、どうでもいい部分の歴史は無視して、時系列なんかも全て無視して、「必要な事例」で、過去の自分の原稿をフォローアップするような意味も込めながら書いた。

全ての、競馬を知性で紐解こうとする男たちに、本書を楽しんでもらえていると幸いだ。

ジャングルポケットがダービーを勝った日。彼の単複を持っていた。

あの伝説的な3歳最強世代のダービー馬が、府中の直線で雄叫びを放った日から、僕はこの仕事をしている。

2021年。本書の中で〝全員集合〟した、あの2001年最強3歳世代の役者たちは、皆、死亡してしまった。

競馬を「単純に語ろうとする」ことが嫌いだ。

おどけて、競馬を単純に語ろうとするファンとは一線を画することを、日々やっている。これだけ多くのファクターが複雑に入り乱れて絡み合う、プロの棋士の知力でも紐解けない『競馬のレース』という舞台を、単純に語ることなど、不可能だ。

手前味噌だが、2021年の春は、単複で26戦23勝という僕自身の記録的な成果を挙げることができた。G1はダービー終了後の現在、大阪杯のトリガミを除くと、ヴィクトリアマイルしか外れていない。自分としても快挙だった。二度とできないと思う。

シンプルに見てはいる。だが、競馬は単純ではないから、単純に答えを出す行為を排除している。だからこそ、できたことだ。

2019年。有馬記念では、アーモンドアイが「何もできずに大敗」をした。

だが、彼女は2500mのコーナー4つの中山という形態であの野芝の上では〝何もできない〟だけであって、単純に「距離が長い」わけではない。東京芝2400mでは強い。100m長いだけでジャパンカップ1着馬が二桁着順に沈むわけもない。

あの舞台では、何もできなかっただけだ。しかし、世間は「距離が長い」と単純に言う。舞台が、高速馬場だといろんなことができる彼女に合っていないだけだ。これが東京の硬い路盤と芝生の上でなら、２５００ｍでも彼女は抵抗をできる。

２０２１年、オークス。今度はソダシに「距離が長い」という言葉が飛び交う。

長いことは長いが、僕が買った2着のアカイトリノムスメも、２４００ｍは長い。

ソダシは舞台が血統に合っていないのだ。

東京芝２４００ｍならアカイトリノムスメの方が距離を誤魔化すことができ、例えばこれが洋芝の札幌芝２０００ｍなら、ソダシの方が上手く距離を誤魔化せるかもしれない。

クロフネは洋芝とフィットする。

複雑に、無数のファクターが絡み合う。そこを、繊細な見立てと、自らの手で作った細やかな方法論で解析し、『ギリギリの解答』へと導く作業。

それを『競馬分析』と呼ぶ。

知性が、競馬を制する。


個人的な話だが、競馬ファンの意識や生き方、そして世の中から見た競馬ファンのイメージが変わればと思いながら書籍を書いている。もう20年になる。

生涯、社会で徹底的に勝つ男たちは、当然、競馬でも勝負強い。

打ち負かす力。

それは、社会と馬券で、嫌というほどリンクしている。

実は、『知性』では、競馬力は変わっても、競馬ファンのイメージの方は変わらない。

行動力があれば人生は成功する。人生100年時代。必要なものは行動力の方だ。

つんのめって、前のめりに倒れるような生き方がいい。転がり続けろ。妻にひっつき、
家族にひっつき、行動をしない男たちが、競馬ファンのイメージを低下させている。

生涯、輝きを放ち、その傍らに競馬がある。そんな一流の競馬ファンでいてほしい。

それをあなたがイメージ付けてほしい。

競馬は知性だと。そんなこと、言葉になんかする間でもない、そんな世間からの視線に、
いつの日か変わるように。

音楽や本というのは、この曲と過ごした時間、この文章と過ごした時間、という「時間の創造」だと思う。

本当は実在しない時間という無に、見たり聞いたりという絵の具をこぼして、色をつける。それを人は『人生』と呼び、実在しない『時間』という概念をつくった。

いろんな無に、覗き見を、添えて。

今、この原稿を書いている2021年、1月18日。日本時間、深夜。

ウルグアイのオルダスという競馬場にて、2001年の最強3歳世代、アグネスタキオンと同期生として「もう1頭のアグネス」と呼ばれた、アグネスゴールドの産駒であるオンラレアルとう牝馬が現地でG1を制したというニュースが、デジタル画面に浮遊している。

あの年、確かにそこにいた「もう1頭のアグネス」は、どうやら元気にしているようだ。

アグネスゴールドを見ていた時間があった。

彼を見ていた時間を添えた、今という時が過ぎていく。

新しくはない、古き者。
彼から届いた最速のニュースが、最新型の液晶に浮かぶ。
普遍だ。
永久普遍に笑顔を生む。
これは、そんな知らせだと思う。
少し無理がある文脈か。
許してくれ。
笑顔になった僕に免じて。

本島修司

競馬道OnLine NEO新書　001

# 知性で競馬を読み解く方法

2021年 10月10日　第1刷発行
2021年 12月10日　第2刷発行

| | |
|---|---|
| ●著者 | 本島修司<br>TARO |
| ●編集 | 競馬道OnLine 編集部 |
| ●本書に関する問合せ | keibasupport@o-amuzio.co.jp |
| ●デザイン | androworks |
| ●発行者 | 福島 智 |
| ●発行元 | 株式会社オーイズミ・アミュージオ<br>〒110-0015 東京都台東区東上野1-8-6 妙高酒造ビル5階 |
| ●発売元 | 株式会社主婦の友社<br>〒141-0021 東京都品川区上大崎3-1-1目黒セントラルスクエア<br>電話:03-5280-7551 |
| ●印刷・製本 | 株式会社 Sun Fuerza |

※乱丁・落丁はお取り替えします。
※定価はカバーに表示してあります。

ISBN 978-4-07-342522-9

■主婦の友社が発行する書籍・ムックのご注文は、お近くの書店か主婦の友社コールセンター（電話0120-916-892）まで。
※お問い合わせ受付時間　月～金（祝日を除く）9:30～17:30
主婦の友社ホームページ　https://shufunotomo.co.jp/